U0043744

孫廣德著

墨子政治思想之研究

中華書局印行

自序

戰國之世，墨子之說，與儒家並爲顯學。戰國而後，儒家衍盛，墨學則衰；自秦漢以至於清初，歷二千年，研究墨學者，僅二三人而已。逮乎有清乾嘉道光之間，研究者漸衆，墨學遂得復興。至於今日，有關墨學之著作，可謂汗牛充棟。然其中屬於註釋考據者多，關乎思想者少，而專對墨子政治思想作研究者，尤不可多得，本書之作，意在對此偏缺或有少補焉。

本書所採資料，約可分爲四類。曰墨子書，曰後人研究墨學之著作，曰諸子書，曰西方學者有關之著作。墨子書，以之爲根據；後人研究墨學之著作，以之作參考；諸子書與西方學者有關之著作，則以之供對照比較。根據，所以述其本旨；參考，所以發其義蘊；對照比較，所以明其異同而顯其特點也。

本書所用之方法，要者有三。一爲介紹，二爲比較，三爲批評。所謂介紹，乃由節錄、轉述、整理、申釋，以明其學說之本來面目也；所謂比較，乃以其對某問題所作主張，與他人論及該問題而有相似或相反之意見者，相互對比參照也；所謂批評，乃就其對某問題之主張，依理論與事實，加以權衡估量也。

本書內容，共分三篇。第一篇爲緒論，又分三章。第一章考究墨子之著作，以確定所應根據之資料，並考究墨子之生平，以期對其著作有確切之悟解。第二章討論墨子之人性論及實利主義，以明其政治思想之哲學立場。第三章則論述墨子政治思想所表現之平等、羣體、救世、擇務、創造與力行等基本精神。第二篇爲本論，又分六章。第一章論述墨子對政治起源之看法，及其所懷抱之政治理想。第二章論述墨子爲實現其政治理想所設計之政治組織，及爲運用其政治組織而設計之賢人政治。第三章論述墨子對戰爭根源所作之探討，對非攻所持之基本理由，以及其心目中國際間應有之正常關係。第四章所論節約、生產、分配，爲墨子關於國民經濟之主張，亦是實現其政治理想之物質基礎。第五章所論兼愛、貴義、爲墨子關於社會道德之主張，亦是實現其政治理想之倫理基礎。第六章所論天志、明鬼、非命，爲墨子關於國民宗教之主張，亦是實現其政治理想之心理基礎。第三篇爲結論，不分章節，僅就論理觀點檢討，以見其學說雖有矛盾與疏漏之處，然仍可成一完整之體系；就心理觀點檢討，以見其主張多違背人之心理，不合人之常情之處；就歷史觀點檢討，以見其學說之盛衰與時代環境大有關係。至於墨子之時代背景與思想淵源，則於各章節隨機論述，故不設專章討論也。

本書寫作期間，蒙先師鄒文海先生指導批閱，至爲感激，值此付梓之際，謹向先生在天之靈，致至誠至敬之悼念與謝意。又搜集材料之時，多蒙前輩周紹賢先生提示，並得呂實強先生協助，亦並致謝。

五九、一一、二一、孫廣德識於臺北

墨子政治思想之研究　目錄

第一篇　緒　論

第一章　墨子之生平及著作

吾人研究一人之思想，首須知其爲何等人，有何等著作。蓋知其有何等著作，始可確定據以研究之資料；知其爲何等人，始可對其著作有眞實確切之悟解。墨子之身世及著作向多問題，故今欲研究墨子之政治思想，尤應對其生平及著作愼加考究。

第一節　墨子之生平

關於墨子生平，應加考究者，有左列五事：

一、**姓名**：墨子姓墨名翟，學者久無異辭。呂氏春秋、漢書藝文志及淮南子，均明言墨子名翟（註一），元和姓纂又明言墨子姓墨（註二）。此外，司馬遷、魏徵、劉昫等，均稱墨子曰「墨翟」（註三），亦似以墨子爲姓墨名翟。

墨子姓名之疑，起自南齊孔稚圭，稱墨子爲翟子（註四）。至元代伊世珍，謂墨子姓翟名烏（註五）。其後異說紛起，各逞其附會猜臆之能，倡荒誕怪異之論。舉其要者：

一曰江瑔之說：江氏以爲墨子非姓墨，墨爲其學派之稱，以代表其學行者。「翟」或爲姓，或爲名。姓翟而曰墨翟者，猶「蒙莊」、「盲左」、「東施」、「西施」之類；名翟而曰翟子者，猶孟子稱匡章爲章子；名翟而曰墨翟者，猶「巫彭」、「巫咸」、「優孟」、「優旃」、「史談」、「史遷」之類。並舉八證以明其說（註六）。

二曰胡懷琛之說：胡氏以爲墨非姓，翟非姓，更非名。翟卽「狄」也。翟爲狄之異文，墨亦爲「貊」之轉音或「蠻」之轉音。墨翟卽「貊狄」或「蠻狄」，係用以稱不知名之外國人者（註七）。

三曰錢穆之說：錢氏謂墨乃古代刑名之一，墨子爲刑徒，轉辭言之，便爲奴役，墨家生活非薄，其道以自苦爲極，故被稱爲墨。然錢氏僅懷疑墨子姓墨，至於墨子名翟，則以爲大致可信（註八）。陳柱謂：「墨是其道，翟是其名」（註九）。與錢說同。馮友蘭亦持同樣見解，謂以墨名墨子學派，猶以犬學名希臘安提斯塞尼斯（Antisthenes）之學云（註一〇）。錢、陳、馮三氏之說，似皆由江瑔啓發而來也。

以上諸說均不妥，方授楚已予一一駁正，可觀其書（註一一），此處不詳加討論。余意仍以墨子姓墨名翟爲當，理由如左：

其一、呂氏春秋，漢書藝文志、淮南子與元和姓纂之作者，以及司馬遷、魏徵、劉昫等，或謂墨子名翟，或謂墨子姓墨，或以墨翟稱墨子。此諸人，論時代，均較伊世珍、孔稚圭、江瑔、胡懷琛與錢穆等爲早，尤以呂氏春秋之作者及司馬遷，離墨子年代不遠，其時以曾與儒並稱爲顯學之墨子，其事蹟不當淹沒；荀墨子非姓墨名翟，彼等不當不知，知之亦不當不言而仍謂墨子名翟，或以墨翟稱墨子。

其二、孟子將楊、墨並舉（註一二），楊既爲楊朱之姓，墨亦當爲墨子之姓。韓非子將儒墨並舉（註一三），劉、班將儒道墨法並列（註一四），雖儒、道、法等非其學派首領之姓，然亦不能因而證明墨亦非墨子之姓。蓋儒之名孔子之前已有，道、法兩家之首領又不只一人，不便以某首領之姓稱之。而墨家獨不同，一則墨家爲墨子所創（至少以墨子爲墨家首先集大成之第一人），二則墨家之首領只墨子一人（卽有其他首領，其地位亦不能與墨子相比），故可以墨子之姓稱墨家。

其三、墨子曾自稱爲翟（註一五），與孔子自稱丘者同，證諸一般人自稱之習慣，知墨子名翟。

二、籍貫：司馬遷只於史記孟子荀卿列傳末云：「蓋墨翟，宋之大夫。」而未明言其爲何國人。此後關於墨子籍貫問題，衆說紛紜，至今未決。葛洪、楊倞及林寶等，以墨子爲宋人（註一六）；畢沅及武億等，以墨子爲楚人（註一七）；余友宋成堦先生以墨子爲齊人（註一八）；胡懷琛及衛聚賢等，以墨子爲印度人（註一九）；金祖同與陳盛良等，以墨子爲阿拉伯人（註二〇）。以墨子爲宋人、楚人、齊人者，均承認墨子爲中國人，而以墨子爲印度人或阿拉伯人者，則根本否認墨子爲中國人，眞可謂奇譚怪說，駭人聽聞者也。

墨子爲宋人、楚人、齊人、印度人或阿拉伯人諸說，已分別由孫詒讓、梁啓超、方授楚、蔣伯潛及李紹崑等駁之（註二一），可知墨子宋人、楚人、齊人之說非是，墨子爲印度人、阿拉伯人之說尤爲荒誕。余以墨子爲中國人，且爲魯人。茲分說如左：

㈠墨子爲中國人：墨子爲中國人，自無須費辭，然既有人否認墨子爲中國人，則不能不舉證以明之。墨子魯問篇載：墨子與公尚過問答時曰：

「抑越王不聽吾言，不用吾道，而吾往焉，則是我以義糶也，鈞之糶，亦於中國耳，何必於越哉？」

僅憑此數語，即可知墨子爲中國人無疑，無須更求他證矣。此處所謂之中國，當指中原之地而言，越國尚被墨子視爲異地外邦，況印度阿拉伯乎？

㈡墨子爲魯人：高誘以墨子爲魯人(註二二)，孫詒讓謂：「似當以魯人爲是」(註二三)，梁啓超、錢穆、胡適、方授楚、蔣伯潛、陳柱等，均依孫說認墨子爲魯國人(註二四)。余亦認墨子當以魯人爲是，茲集諸證如下：

第一、墨子出生於魯：呂氏春秋當染篇云：

「魯惠公使宰讓請郊廟之禮於天子，桓王使史角往，惠公止之，其後在於魯，墨子學焉。」案墨子與桓王不相値，墨子必非學於史角，而係學於史角之後人，其後即史角之後人也。

墨子在魯親師求學，陳顧遠謂其時墨子僅六歲(註二五)，雖未必如此確定，然其時墨子年歲甚輕則無疑問。以如此輕之年歲，當不至旅居他國，既在魯學於史角之後人，則魯當爲其出生地矣。

第二、墨子以魯爲住所：魯問篇云：

「越王爲公尙過束車五十乘，以迎子墨子於魯。」

貴義篇云：

「墨子自魯卽齊。」

呂氏春秋愛類篇云：

「公輸般爲雲梯，欲以攻宋，墨子聞之，自魯往，見荆王曰：臣北方之鄙人也。」

淮南子修務訓亦云：

「自魯趨而往，十日十夜至於郢。」

迎墨子須往魯國，墨子往他國又多由魯出發，凡此均可證墨子常居於魯，以魯爲固定住所也。

第三、魯爲墨子活動中心：墨子貴義篇云：

「子墨子南游於楚，……子墨子南遊使衛（案當作南游於衛）……子墨子北之齊。」

楚在魯之南，衛在魯之西南，齊在魯之東北。墨子居於魯，以魯爲活動中心，故云「南游於楚」，「南游於衛」，「北之齊」。又非攻中篇墨子有「南則荆吳之王，北則齊晉之君」，及「東方有莒之國」諸語。由魯觀之，荆吳在魯之南，故云「南」；齊晉在魯之北，故云「北」；莒在魯之東，故云「東方」。又可證墨子之觀念中亦以魯爲中心。

依上所考，墨子既生於魯，居於魯，又以魯爲活動中心，其爲魯人，當可確定矣。

三、年代：史記孟子荀卿列傳謂墨子「或曰並孔子時，或曰在其後。」司馬遷去墨子未遠，論其年代尚且如此含混，後之學者，自更無由確知。自淸中葉以來，治墨子者衆，學者對墨子年代多所推斷，舉其要者，有以下數家：

㈠畢沅之推斷：畢氏以爲：「則翟實六國時人，至周末猶存。……則墨子者在七十子後。」(註二六)

㈡汪中之推斷：汪氏以爲：「墨子實與楚惠王同時，……其年於孔子差後，或猶及見孔子矣」(註二七)。

㈢孫詒讓之推斷：孫氏謂：「審覈前後，約略計之，墨子當與子思並時，而生年尚在其後。當生於周定王之初年，而卒於安王之季，蓋八九十歲，亦壽考矣」(註二八)。

㈣梁啓超之推斷：其主張如左：

「墨子生於周定王初年（元年至十年之間），約當孔子卒後十餘年。」

「墨子卒於周安王中葉（十二年至二十年之間），約當孟子生前十餘年」(註二九)。

㈤胡適之推斷：胡氏以爲：墨子約生於周敬王二十年與三十年之間，死於周威烈王元年與十年之間，墨子生時約當孔子五十歲六十歲之間，早死於吳起四十餘年(註三〇)。

㈥錢穆之推斷：錢氏謂：「假定生在孔子死的一年（魯哀公十六年，西元前四七九年），或稱後，至遲亦不出十年。墨子年約八十七歲（至西元前三九四年），或稱輕，至多亦不出十歲，與魯陽文君論攻鄭，不久便卒，至遲亦不出十年」(註三一)。

以上諸說中，汪中之推斷大致不差，胡適所考與汪中之推斷極接近，唯其所舉年代尚須稍微向後加以修正；錢穆所考，亦近似正確，唯其所作之假定應向前推，而不應向後延。依愚見，墨子當生於周敬王三十年左右，卒於周威烈王二十年左右。今人方授楚與陳顧遠亦作此主張（註三二）。其理由有二：

第一、墨子與楚惠王同時，耕柱、貴義、魯問等篇均有記載，當無疑問。楚惠王在位五十七年（其元年卽周敬王三十二年，其末年卽周考王九年），而年歲長於墨子。乃因據貴義篇所載，墨子見楚惠王上書，而惠王以老辭。其事在楚惠王五十年。稱老起碼須在六十歲以上，且楚惠王不能出生後立卽爲王，其爲王至少亦須十餘歲。在位五十年加卽位前之十餘年，恰爲六十餘歲。而墨子年歲雖較楚惠王爲少，然亦不至過於年輕，乃因其時已被稱爲北方之聖賢人（註三三），則當年逾五十。如此推算，楚惠王約長墨子十餘歲，若楚惠王十餘歲卽位，則其卽位之年，當距墨子生年不遠。楚惠王旣卽位於周敬王三十二年，則墨子當生於周敬王三十年左右。墨子壽考（註三四），若享年八、九十歲，則卒於周威烈王末年矣。

第二、墨子嘗與公輸般有交接（註三五）。禮記檀弓載季康子之母死，般請以機封。其時公輸般能有此本領，至少當在二十歲上下。而季康子之母卒又在周敬王三十年附近，因季康子母卒，不日桓子之妻，而曰季康子之母，必桓子已死；而季桓子卒於魯哀公三年，則其妻之卒必在魯哀公三年之後，然亦不能太晚，因檀弓又載季康子母卒時，敬姜臨喪，國語魯語謂敬姜卽季康子之從祖叔母，故最晚亦不出哀公十年。方授楚以爲「敬姜行輩之尊而能臨喪，則年代不可太後」（註三六）。行輩尊雖未必年長，然通常當如此。折衷言之，設季康子之母卒於魯哀公五、六年，即周敬王三十一、二年，公輸般二十歲上下，據梁啓超考證，般約比墨子大二十歲(註三七)，則謂墨子生於周敬王三十年左右自無問題，若至周威烈王末年卒，則八十餘歲，亦爲壽考矣。

如此，墨子生後十年左右而孔子卒(註三八)，就其得見孔子而言，可謂與孔子同時；就其生卒均晚於孔子而言，又可謂在孔子後，故與司馬遷所謂「或曰並孔子時，或曰在其後」之說正相符合。

四、出身：史記孟子荀卿列傳、漢書藝文志與隋書經籍志，均謂墨子爲宋之大夫。而梁啓超則以爲墨子始終是平民，未嘗仕宋(註三九)，信矣。貴義篇載墨子見楚惠王獻書，惠王不用，穆賀謂墨子曰：

「子之言則誠善矣，而君王，天下之大王也，毋乃曰「賤人」之所爲而不用乎？」

由此，可知墨子出身微賤。且據前所考定，墨子見楚惠王時，當在五十歲左右，以年屆五十，尚爲賤人，其終身未仕，當無疑問矣。所謂賤人者，即平民也。此由墨子反駁穆賀之語中可見，墨子曰：

「今農夫入其稅於大人，……豈曰賤人之所爲而不享哉？或雖賤人也，上比之農，下比之藥：…」

農醫既皆爲賤人，可知賤人即庶人，亦即平民也。然則墨子究爲何等平民？從事何種行業？貴義篇云：

「子墨子南游使衛（案當云南遊於衛。），關中載書甚多，弦唐子見而怪之。……子墨子曰：……今翟上無君上之事，下無耕農之難，吾安敢廢此？」

墨子無君上之事，乃因其未做官，上已證之；無耕農之難，則可證明其非爲農人。又魯問篇云：

「公輸子削竹木爲鵲，鵲成而飛之，三日不下。公輸子自以爲至巧。子墨子謂公輸子曰：子之爲鵲也，不如翟之爲車鎋，須臾劉（斲）三寸之木，而任五十石之重……」

由此，可知墨子爲平民，且以工匠爲業。方授楚據此以爲墨子爲工匠中之車工，且更舉韓非子外儲說左上中之一節以證之（註四〇）。余則以爲墨子長於爲車鎋而不長於爲木鵲，乃因墨子以車鎋有用而木鵲無用之故也。墨子除爲車鎋之外，尚長於其他製作，觀備城門以下各篇可知。故吾人只能謂墨子爲工匠，而不能謂其必爲車工也。

墨子雖出身微賤，然因其熱心救世，故仍留心治平之學，來往列國之間，致力於世界和平。其所以提倡節約，反對奢華，主張任賢，攻擊親貴者，或亦與其出身有關也。

五、事蹟：有關墨子事蹟，舊史不詳，茲以墨子一書爲主，舉其要者述之：

㈠止楚攻宋：公輸般爲楚造雲梯，既成，欲以之攻宋。墨子得此消息，由魯（或曰齊，依畢沅校爲魯。）出發，行十日十夜，至楚都郢，見公輸般，勸以不當攻宋，公輸般服，乃介紹墨子見楚王，墨子以攻宋無益勸之，並與公輸般作攻守演習，解帶爲城，以牒爲械，而挫公輸般攻城之機變，並告以已派弟子禽滑釐等三百人持守圍之器，佈防宋國城上，以待楚寇。於是楚乃罷而不攻宋矣（註四一）。

㈡勸告齊魯：墨子奔走救世，其突不黔，單對齊魯關係，即作三次勸告，以期息滅其間之戰爭。第一次爲魯君聞齊欲攻魯，問計於墨子，墨子告以說忠行義則取天下，讎怨行暴則失天下，而勸其尊天事鬼，愛利百姓，外而尋求與國，以壯聲援，並循外交途徑與齊言和，則戰爭可免也。第二次爲齊伐魯之軍隊即將出發，墨子乃告齊將項子牛以好戰之國，將遭諸侯羣起報復，終必敗亡之理。第三次爲墨子見齊王，以利害說其不當攻戰也（註四二）。

㈢游衛：墨子南游衛（本作南遊使衛），途中答唐弦子問載書之事。至衛，見衛國風俗奢侈，不勝慨歎，乃告公良桓子：若衛國能節約，將所省經費用以養兵，鞏固國防，以備他國攻略之患，將比數百婦女之前呼後擁可靠而有益也（註四三）。

㈣辭封：墨子弟子公尙過遊說越王，越王爲之動，乃告公尙過：若能將其師墨子請至越國，願以故吳地五百里封之。越王爲公尙過備車五十乘往魯國迎墨子，墨子問公尙過越王有否聽其言用其道之誠意，公尙過答以「未必」，墨子乃將公尙過訓斥一番，而終不肯受越王之封矣（註四四）。

㈤被囚：墨子嘗爲宋守城，然而史記鄒陽列傳謂：「宋信子罕之計而囚墨翟」。其故爲何，不得而知。又墨子公輸篇云：

「子墨子歸，過宋，天雨，庇其閭中，守閭者不內（同納）也。」

墨子有功於宋，依理當受宋人之禮遇，而事實上却待之如此不善，自必有原因。觀此，墨子被囚之事，當非虛構也。

此外墨子行事見於載籍者，尚有受學儒者(註四五)，獻書楚惠王(註四六)，與魯陽文君相問答，告公輸般義之鉤強勝於舟戰之鉤強(註四七)，敎禽滑釐守備之法(註四八)等，茲不詳述。總墨子一生行事觀之，要皆可見出其救世之熱忱及勤勞行義之精神也。

第二節　墨子之著作

前言墨子曾獻書楚惠王，然不知所獻究爲何書。至今傳墨子一書，乃墨子弟子及後學記述纂輯而成。漢書藝文志謂七十一篇，隋書經籍志與唐書經籍志均謂十五卷。今本墨子卷數與隋志唐志所舉同，而篇數則少十八，僅存五十三篇，畢沅以爲「本存道藏中，缺宋諱字，知即宋本。」(註四九)

胡適將此五十三篇分爲五組，梁啓超、錢穆、方授楚等均隨之(註五〇)。以下即依此分法加以討論。

第一組(卷一)
- 甲
  - 親士
  - 修身
  - 所染
- 乙
  - 法儀
  - 七患
  - 辭過
  - 三辯

關於甲三篇，孫詒讓謂：「唯修身親士諸篇，誼正而文靡，校之他篇，殊不類，所染篇又頗涉晚周之事，非墨子所得聞，疑皆後人以儒家言飾之」(註五一)。胡適以為全無墨家口氣。梁啓超之看法與孫、胡大致相同，謂：「這三篇非墨家言，純出僞託，可不讀」。方授楚引原文以證親士篇雜道家言，引汪中墨子序以證修身篇爲儒家言，甚是。畢沅以此二篇無「子墨子云」，當係翟自著也(註五二)，殊屬不當。陳柱以爲親士、修身，諸子言治者多不能外，墨家偶同儒家不足爲怪，並舉兩篇中語句爲例，謂正可代表墨家思想。張壽鏞與欒調甫亦持類似看法(註五三)。實則頗爲牽強附會，故不足信。至所染篇，汪中謂：「墨子蓋嘗見染絲者而歎之，爲墨之學者，增成其說耳」，欒調甫之說與此相同(註五四)，均頗爲近實。余以爲該篇不論出於誰人之手，其中所載墨子見染絲者而歎之一事，當屬事實，若無其事，何故呂氏春秋當染篇亦作如此之記載邪？

關於乙四篇，胡適謂乃根據墨家餘論所作，梁啓超則謂：「這四篇是墨家記墨學概要，很能提綱絜領，當先讀」。錢穆又謂：法儀篇眞是提綱絜領之墨學概要，至七患、辭過、三辯三篇，雖似墨家議論，却並不重要。余以爲梁、錢之說各有獨到之處。此四篇，除三辯篇外，確係墨學概要，頗能提綱絜領，其中尤以法儀篇最爲重要，爲墨學之總綱領。太虛法師以爲法儀、天志、明鬼三篇爲墨子第一義諦。其舉天志、明鬼爲墨子第一義諦者，乃受其宗教信仰影響之故；舉法儀爲墨子第一義諦，則至當矣。又以爲七患、辭過二篇係墨子人倫事業之總綱。亦甚正確。謂三辯篇爲非樂之衍說，其文較非樂諸篇尤爲拙劣。仍無不妥(註五五)。

第二組
（卷二）尚賢上中下
（卷三）尚同上中下
（卷四）兼愛上中下
（卷五）非攻上中下
（卷六）節用上下
　　　　節葬下
（卷七）天志上中下
（卷八）明鬼下
　　　　非樂上
（卷九）非命上中下
　　　　非儒下

除非儒下外，梁啓超謂：「這十個題目二十三篇，是墨學的大綱目，墨子書的中堅」。的確。又謂：「篇中皆有『子墨子曰』字樣，可以證明是門弟子所記，非墨子自著」。亦無問題。至謂：「每題各有三篇，文義大同小異，蓋墨家分爲三派，各記所聞」。則係本於俞樾之說。俞樾云：

「墨子死而墨分爲三：有相里氏之墨，有相夫氏之墨，有鄧陵氏之墨。今觀尚賢、尚同、兼愛、非攻、節用、節葬、天志、明鬼、非樂、非命、皆分上、中、下三篇，字句小異，而大旨無殊；意者此乃相里、相夫、鄧陵三家相傳之不同，後人合以成書，故一篇而有三乎」（註五六）？

俞樾之說似又以韓非子爲依據。然韓非子謂墨之三家「取舍相反不同」(註五七)。而此各題中之三篇，僅有文字上之出入，絕無主張上之歧異，似非三家之言。蓋既各自成家，則必如韓非子所云，各有不同之主張，且有彼此不能相容之處，否則又何必分爲三家？陳柱以爲所謂「墨離爲三」，與墨子書之上、中、下三篇絕無關係。墨子隨地演說，弟子各有記錄，言有時有詳略，記有時而繁簡，是以各有三篇。當時演說或不止三次，所記亦不止三篇，然古人以三爲成數，故編輯墨子書者，僅存三篇以備參考(註五八)。則較合情理。

又非儒下，梁氏以爲因爲無「子墨子曰」字樣，故不是記墨子之言。韓愈謂儒墨之相非，出於末學(註五九)，該篇可能係墨家後學爲反對儒者而作，故大旨與墨子無殊，而非墨子之言也。

第三組
- (卷　十)
  - 經上下
  - 經說上下
- (卷十一)
  - 大取
  - 小取

魯勝稱經上下及經說上下四篇爲墨辯，以爲係墨子所著(註六〇)。畢沅、孫星衍亦均以此四篇爲「翟自著」(註六一)。孫詒讓則謂：「四篇皆名家言，……則似戰國之時，墨家別傳之學，不盡墨子之本恉，畢竟謂翟所自著，考之未審」(註六二)。汪中更以爲「經至小取六篇」皆非墨子所自著(註六三)。胡適本孫、汪二氏之說，謂經上下、經說上下、大取、小取六篇，非墨子之書，亦非墨者記墨子學說之書，惠施、公孫龍之學說多在其中，故應是惠施、公孫龍時代之「別墨」所作。梁啓超之說則較爲折衷，謂經上下係墨子自著，經說上下當是述墨子口說，但有後學增補，大取小取，則爲後學所著。

余之意見則是：其一、所謂「別墨」，乃苦獲、己齒、鄧陵子之屬間之相非之辭(註六四)，事實上並無別墨存在。故胡適別墨之說頗爲不當。其二、施、龍之說與六篇之說完全相反。必先有墨者之說存在，施、龍之徒好辯，乃一一作相反之說而辯之，與施、龍同時或稍後之墨者，又起而據墨者已有之說，推衍之，以駁斥施、龍。合墨者已有之說與推衍之辭，即經上、下、經說上、下及大取、小取六篇。故該六篇中，必部份出於施、龍之前，即經上、下；部份出於施、龍之同時或稍後，即經說上、下及大取、小取。其三、大取篇中有「子墨子之言也」句，可證非墨子自著，其他五篇中，雖均無「子墨子言也」句或「子墨子曰」字樣，然不能因此而謂皆出於墨子之手，蓋以此六篇均係公式定理之類，即爲弟子所記或後學所纂，「子墨子曰」字樣亦不便插入其間矣。其四、經說上、下及大、小取爲墨家後學所作當無疑問；經上、下，或爲墨子自著，或爲弟子所作，不敢斷言。然墨子善辯，其生時必有此類辯說，即爲弟子所作，亦必因襲墨子舊說，加以改進，而非出於創作也。

第四組
- (卷十一) 耕柱
- (卷十二) 貴義、公孟
- (卷十三) 魯問、公輸

此組五篇，問題最少，學者之看法大致相同，均以此五篇爲墨家後學記墨子一生言論行事，體裁頗與論語相似。信矣。

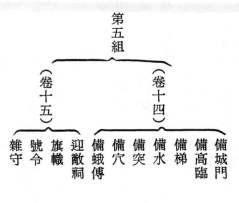

第五組
- （卷十四）
  - 備城門
  - 備高臨
  - 備梯
  - 備水
  - 備突
  - 備穴
  - 備蛾傳
- （卷十五）
  - 迎敵祠
  - 旗幟
  - 號令
  - 雜守

此組十一篇，專言墨家守禦之法，至於出於誰人之手，梁（啓超）、胡（適）、錢（穆）等均無意見。朱希祖論此十一篇乃漢人僞書，其證有四：㈠多漢代官名，㈡有漢代刑罰制度，㈢多襲戰國末及秦漢諸子，㈣多言鐵器，與墨子時代不符（註六五）。方授楚以爲號令篇確如朱氏所說，係漢人所作，其他諸篇則爲戰國時墨家後學，因墨子守禦之法，推衍以成者，其證俱見墨學源流上卷第三章，此處不加引述。余意墨子善守禦(註六六)，諸守禦之法必出自墨子。孫詒讓謂此組各篇「皆禽滑釐所受守城之法也」(註六七)，意卽如此。至於記述諸法以成書，則是墨家後學之事。記述之時間，各篇或有不同，且記述中或帶推衍，故可見其時代痕跡，不當據此以爲出於不相干者之僞造也。

墨子各篇之眞僞及其可靠程度，業經分組考證如上。本文研究墨子政治思想，所採用或所依據者，爲第一組乙四篇，第二組二十四篇，第三組六篇及第四組五篇。此諸篇中雖多非墨子自著亦非弟子所記，而係後學所作者，然後學亦屬墨家，其著論必本墨子之旨，絕不至與墨子本意相違，故仍可據之以窺墨子思想。第五組十一篇雖與政治思想無關，然仍有參考價値，故亦偶而採用；第一組甲三篇非墨家言，自應舍棄，然所染篇中所載墨子見染絲者而歎之事，必屬實，當採用也。

註 一：呂氏春秋當染、愼大二篇，均言及墨子名翟。漢書藝文志於「墨子七十篇」下註曰：名翟。淮南子修務訓篇，亦云墨子名翟。

註 二：唐林寶撰元和姓纂第四冊卷十頁四三曰：「墨氏，孤竹君之後，本墨台氏，後改爲墨氏，戰國時宋人墨翟，著書號墨子。」

註 三：見史記孟子荀卿列傳，(史記卷七四，頁一九七)。隋書經籍志(隋書卷三四，頁一〇七)自註及唐書經籍志(唐書卷四六，頁二〇九)自註。

註 四：見孔著北山移文。載臧勵龢選注，臺灣商務學生國學叢書「漢魏六朝文」，頁二六六。

註 五：見伊著瑯環記引賈氏說林之說，此處係據蔣伯潛著諸子通考上編第九章頁一九二轉述。

註 六：見江瑔著讀子卮言卷二第十四章頁二七—三八論墨子非姓墨。

註七：胡懷琛撰「墨翟爲印度人辨」一文。載東方雜誌第二十五卷第八號。

註八：錢穆著墨子第一章頁二及七，及先秦諸子繫年頁九〇。

註九：陳柱著墨學十論：墨子大略，頁七。

註十：馮友蘭著中國哲學史第五章，（今所用係臺大哲學研究所翻印本，改名爲中國思想史），頁一一〇。

註十一：方授楚著墨學源流上卷第一章，一、姓名，頁三—七及下卷第一章，頁一—七。

註十二：見孟子滕文公下。

註十三：見韓非子顯學篇。

註十四：劉歆七略諸子略及班固漢書藝文志，均見漢書卷三〇，頁一四四—一四九。

註十五：見墨子魯問篇載墨子與公尙過及吳慮等之談話。

註十六：葛洪神仙傳，（魏晉小說大觀第一册，頁二三二），文選卷十八，頁三，長笛賦李善注引抱朴子，荀子修身篇楊倞註，及林寶元和姓纂，第四册卷十，頁四三。

註十七：畢沅墨子注敍及武億跋墨子（孫詒讓墨子閒詁附錄頁一六及頁二八）。

註十八：宋撰墨子爲齊國人考，載大陸雜誌十一卷第八期，及宋撰墨子爲齊國人續考，載大陸雜誌十六卷第二期。

註十九：胡撰墨翟爲印度人辨，載東方雜誌第二十五卷第八號，衞聚賢古史研究第二集下册墨子小傳一文，及上册所收胡撰墨子學辨一文。

註二十：金撰墨子爲回教徒考一文，收入衞聚賢著古史研究第二集上册，陳撰墨子文法的研究一文，收入衞聚賢著古史研究第二集下册。

註二十一：孫詒讓墨子傳略（墨子閒詁附墨子後語上，頁二）；梁啓超墨子學案第一章，頁一—二；方授楚墨學源流上卷第一章，頁七—九、下卷第一、二、三、四各章；蔣伯潛諸子通考上編第九章，頁一九六—一九七，諸子學纂要第五章，頁一三〇；及大陸雜誌十三卷十二期李紹崑墨子非齊國人說。

註二十二：見呂氏春秋呂覽、當染、愼大諸篇高誘注。

註二十三：見孫詒讓墨子傳略（墨子閒詁附墨子後語上，頁二）。

註二十四：梁啓超墨子學案第一章，一、墨子之生地及年代，頁一—二；錢穆墨子第一章，二、墨子的國籍，頁九；胡適中國古代哲學史第六篇第一章，頁一；方授楚墨學源流上卷第一章，二、生地，頁七—九；蔣伯潛諸子通考上編第九章墨子略考，頁一九六—一九七，諸子學纂要第五章，一、墨子考略，頁一三〇—一三一。

註二十五：陳顧遠墨子政治哲學，總論第一，頁六。

註二十六：見畢沅墨子註敍（孫詒讓墨子閒詁附錄，頁一五）。

註二十七：見汪中墨子序（孫詒讓墨子閒詁附錄，頁二一）。

墨二十八：見孫詒讓墨子後語上，墨子年表，頁一四—二一。

註二十九：梁啓超墨子學案第一章，一、墨子之生地及年代，頁二，及附錄二、墨子年代考，頁七九。

註三　十：胡適中國古代哲學史第六篇第一章，頁四。

註三十一：錢穆著墨子第一章，三、墨子的生卒年代，頁一七，及先秦諸子繫年頁八九。

註三十二：方授楚墨學源流上卷第一章，三、生卒年代，頁一一—一二；及陳顧遠墨子政治哲學，總論、第一，頁六—一〇。

註三十三：見墨子貴義篇。

註三十四：人多稱墨子壽考，抱朴子列之於神仙傳，亦或因其壽考矣。
註三十五：見墨子公輸篇、魯問篇等。
註三十六：方授楚墨學源流上卷第一章，三、生卒年代，頁一一。
註三十七：梁啓超墨子學案附錄二、墨子年代考，頁八〇。
註三十八：案孔子卒於魯哀公十六年，即周敬王四十一年。
註三十九：梁啓超著墨子學案第一章，一、墨子生地及年代，頁二。
註　四　十：方授楚著墨學源流上卷第二章，頁一六。
註四十一：見墨子公輸篇。
註四十二：均見墨子魯問篇。
註四十三：同註三十二。
註四十四：同註四十一。
註四十五：見淮南子要略訓。
註四十六：見墨子貴義篇孫詒讓注，墨子閒詁頁二六六—二六七。
註四十七：同註四十一。
註四十八：見墨子備城門以下諸篇。
註四十九：同註二十六。
註　五　十：胡適中國古代哲學史第六篇，第一章後段；梁啓超墨子學案第一章，三、墨子書；錢穆墨子二章；方授楚墨學源流上卷第三章。本節以後所引胡、梁、錢、方意見，均出於此處所舉章節中。

註五十一：孫詒讓墨子閒詁序（墨子閒詁，墨子序，頁三）。

註五十二：同註二十六。

註五十三：陳柱墨學十論：墨學大略，頁二〇—二二。張壽鏞諸子大綱第五講，頁三一，欒調甫墨子研究論文集，墨子要略篇。

註五十四：汪中墨子序（孫詒讓墨子閒詁，附錄頁二二）。欒調甫墨子研究論文集墨子要略篇。

註五十五：太虛大師墨子評議頁七—一三，即太虛大師全書頁四一六—四二二。

註五十六：俞樾墨子閒詁序（孫詒讓墨子閒詁，墨子序，頁一）。

註五十七：同註十三。

註五十八：陳柱墨學十論：墨學大略，頁二三—二四。

註五十九：見韓愈讀墨子一文，載於韓昌黎文集校注第一冊第一卷，頁二二—二三。

註　六　十：魯勝墨辯注敍（孫詒讓墨子閒詁，附錄頁一三）。

註六十一：畢沅墨子注敍及孫星衍經說篇跋（孫詒讓墨子閒詁，附錄頁一四及頁一九）。

註六十二：孫詒讓墨子閒詁卷十卷首註語，頁一九〇。

註六十三：同註二十七。

註六十四：莊子天下篇。

註六十五：原文載清華周刊三十卷九期，此處乃由錢穆墨子一書頁二八—二九轉述。

註六十六：見史記孟子荀卿列傳（史記卷七四，頁一九七）。

註六十七：孫詒讓墨子閒詁卷十四備城門篇篇首註語，頁二九七。

第二章　墨子政治思想之哲學立場

凡一人之思想，能有系統而成一家之言者，必均有其哲學立場。所謂某人思想之哲學立場，乃指其立論之基礎而言；所謂立論之基礎，即其思想中之根本處而足以爲其思想建立之依據者。且此種基礎爲一人各種思想所由建立之共同依據，其各種思想，如政治思想、教育思想等，均係立於此種基礎之上，由此種基礎所發生，依此種基礎所建立者。此種基礎即一人對人、事、物之基本態度與看法，此種態度與看法雖可關涉到科學問題，然此種態度與看法之本身，則即是一種哲學，故稱之爲思想之哲學立場。

墨子政治思想之哲學立場，爲其人性論及實利主義，其全部政治思想，均以其人性論與實利主義爲基礎，且其人性論與實利主義之觀點，融貫於其全部政治思想之中，以決定其關於政治起源、組織、目的、策略、方法等之主張。茲分節論之。

第一節　人性論

何謂人性？告子曰：

「生之謂性」（註一）。

意卽人性乃天生如此，非由於後天之習得也。此其爲人性所作之界說。然此一界說，同樣可用於其他生物之性，如界說牛之性，可謂「生之爲性」；界說犬之性，亦可謂「生之謂性」。如此則人性與其他生物之性無由分別矣。故孟子批評曰：

「生之謂性也，猶白之謂白與？……白羽之白也，猶白雪之白，白雪之白猶白玉之白與？……然則犬之性，猶牛之性，牛之性猶人之性與」（註二）？

荀子所作之人性界說則較爲完備，曰：

「凡性者，天之就也，不可學，不可事。……不可學不可事而在人者謂之性」（註三）。

「天之就也，不可學，不可事」，是謂人性係天生如此，非由於後天之習得。此與告子之所說同。「而在人者」，是謂唯人之性如此，牛之性非如此，犬之性亦非如此也。此則爲告子所未說。

綜上所述，可謂：人性者，簡言之，卽人之天性。所謂人之天性，其含義有二：一曰天生如此，非由於後天之習得也。二曰唯人如此，而與其他生物不同也。蓋若由於後天之習得，卽不能謂之天性；若與其他生物相同，則不能稱之謂人性。故必二義兼具，始能成爲人性之正確界說。

何謂人性論？人性論者，乃對人性之看法也，一則爲對人性善惡之看法，一則爲對人性是否可以後天力量改變鑄造之看法。學者有謂人之天性爲善者，亦有謂人之天性爲惡者；有謂人之天性可以後天之力量改變鑄造者，亦有謂人之天性乃完全由遺傳決定，後天力量不能使之有任何改變者。凡此均係對人性之看法，亦卽所謂人性論者也。

我國諸子對人性善惡之看法可分為四派。卽孟子主性善(註四)，荀子主性惡(註五)，告子主性無善無惡(註六)，楊雄主性善惡混(註七)。至於人性可否以後天之力量改變鑄造，在西方生物學與心理學中，有認為人性完全決定於先天，不能由後天之力量加以改變者；有否認遺傳，而認為人性可藉後天之力量任意造就，如塑像一般者(註八)。我國諸子中，除告子主張人性可以後天力量任意改變鑄造外，其餘孟、荀、楊雄等，則均認為人性可啓發、誘導、培養、節制，而不能作根本之改變也(註九)。

墨子之人性論，散見於所染、法儀、七患諸篇。所染篇云：

「子墨子言，見染絲者而歎曰：染於蒼則蒼(案蒼，青也。)染於黃則黃，所入者變，其色亦變。五入必，(依孫詒讓訓必讀為畢。)而已則為五色矣。故染不可不愼也。非獨染絲然也，國亦有染。舜染於許由、伯陽，禹染於皐陶、伯益，湯染於伊尹、仲虺，武王染於太公、周公。此四王者所染當，故王天下，立為天子，功名蔽天地，擧天下之仁義顯人，必稱此四王者。夏桀染於干辛、推哆，殷紂染於崇侯、惡來，厲王染於厲公長父、榮夷終，幽王染於傅公夷、蔡公穀。此四王者所染不當，故國殘身死，為天下僇，(此或為辱或為戮)擧天下不義辱人，必稱此四王者。……。」

由此可見出墨子對人性之看法，第一、人性無善無惡，第二、人性可以後天之力量改變鑄造之。蓋人性如絲，未染之前，本無顏色，恰如洛克(John Locke)所云：「人心本如一張白紙」(註一〇)，故無所謂善惡。絲「染於蒼則蒼」，「染於黃則黃」，人性亦染於善則善，染於惡則惡。舜、禹、湯、武王受善人之影響而成爲善人，夏桀、殷紂、厲王、幽王受惡人之影響而變爲惡人，可見人性可以後天之力量改變鑄造之。法儀篇云：

「然則奚以爲治法而可？當皆法其父母奚若？（當與嘗通，試也。）天下之爲父母者衆，而仁者寡，若皆法其父母，此法不仁也。法不仁不可以爲法。當皆法其學（學謂師也。）奚若？天下之爲學者衆，而仁者寡，若皆法其學，此法不仁也。法不仁不可以爲法。當皆法其君奚若？天下之爲君者衆，而仁者寡，若皆法其君，此法不仁也。法不仁不可以爲法。故父母、學、君三者，莫可以爲治法。然則奚以爲治法而可？故曰莫若法天。」

「不仁」即不善也，然不善亦未必爲惡，只是不善不足以爲法而已。天下之父母、師、君甚多，而仁者極少，即人性非善也；然亦未必爲惡，即人性非惡也。合而言之，即人之性無善無惡。父母、師、君既均不足法，則只有「法天」。墨子之所謂「天」，爲道德之最高標準（註一二），自無不善；人法天，乃在法天之善，以爲善行，而成善人；人既可由法天之善以爲善行而成善人，故人之性可以後天之力量改變鑄造之。七患篇又云：

「故時年歲善，則民仁且良；時年歲凶，則民吝且惡。民何常此之有？」

此更足以說明人之善惡非由於先天之稟賦，人性本無善惡，其爲善爲惡，皆由於後天之環境所決定。然吾人於此處當注意者：時年歲善，時年歲凶，當皆係天之作爲，天既時善時凶，則天未必爲善。然上言天爲最高之道德標準，天志各篇又言天之意兼愛、非攻、行義，則天必爲善矣。兩相對照，則前後抵觸，自相矛盾。此乃墨子談天志時未顧及人性，談人性時未顧及天志之所致，亦其疏忽之處也。

總之，墨子對人性之看法，第一、認爲人之性無善無惡。此與我國之告子相同。第二、認爲人之性可以後天之力量改變鑄造之。此與我國之告子以及西方之德爾巴克、華特生等相同。

方授楚以爲墨子主張性可善可惡(註一二)，與愚意同。而蕭公權則以爲墨子之兼愛由其性惡觀點出發，其理由有三：一爲墨子尙同上篇所述「古者民始生未有刑政之時」，「天下百姓皆以水火毒藥相虧害」之情形，二爲經上所述「利，所得而喜也」，及「害，所得而惡也」之心理，三爲荀子主性惡，斥墨子節用、節葬、非樂、上功用、優差等，而獨不及兼愛之意(註一三)。余不以蕭說爲然，乃因：一則「古者民始生未有刑政之時」，「天下百姓皆以水火毒相虧害」之情形，未必證明人性本惡。蓋在自然狀態之下，無組織、無制度、無法律，各人意見分歧而不統一，自由行動而無約束，苟非絕對性善，自會由混亂而相虧害，何必待人性之爲惡？且尙同上篇明言此種混亂與相互虧害之情形係起於人之意見不同，而非由於人之性惡也(註一四)。二則得利則喜、得害則惡，乃人情之常，即人之性善，亦必不免。且墨子之所謂利害，係指公利公害而言，喜利惡害，亦爲理所應當，何能據此而謂人性本惡？三則墨子之人性主張本不明朗，更無由從其兼愛思想中見其對人性之看法，故荀子不能對墨子之人性論有所批評。而荀子不批評墨子之兼愛說，亦不能證明墨子與荀子同主張人性本惡也。蕭氏所舉之三項理由，用以說明墨子主張性惡有所不足，而與人性無善無惡，可善可惡之理不背。由是觀之，

吾人以上對墨子人性論之看法當無問題。太虛法師云：

「染於善則善，染於惡則惡，卽告子所云生之謂性，決東則東，決西則西者也。……故墨子實於人性爲無善無不善，而善出於天志，不善出於逆天志者也」（註一五）。

其看法與吾人之看法正同矣。

若問墨子性無善無惡，可善可惡之說，是否同於佛家無性無相之說？余曰否。蓋以爲無性無相之說，乃出於佛家之空觀，而空觀者，必帶濃厚之出世色彩，卽大乘各宗亦然也。然墨子關心世事，毫無出世色彩，絕不至以空觀觀事物也。且凡言性，或謂其爲善爲惡，或謂其無善無惡，可善可惡，均必先假定有性存焉，苟無性之存在，則所言均將落空而無所依附，卽如本無絲，而言染蒼則蒼，染黃則黃，豈不悖哉？

至於墨子之人性論是否正確，吾人不作評論，乃因人性究竟爲善爲惡，爲善惡混，抑爲無善無惡？以及人性可否以後天之力量改變鑄造？至今猶無定論，各種說法皆有其不可推翻之依據，亦皆有其不能否認之缺點，故吾人不能根據任何說法以評斷墨子人性論之爲是爲非也。

吾人所應討論者，爲墨子之人性論與其政治思想之關係。一人對人性之看法，常影響其對人間事務之基本態度。政治爲人間事務之一種，政治思想乃對此種人間事務之考量與設計。因而一政治思想家之人性論，必然對其政治思想有相當之影響。如孟子倡性善，故其政治思想重德治，主張尊重人民，爭取民心（註一六）。荀子倡性惡，故其政治思想重禮治，主張政府以權力統治人民，約束人民之行爲（註一七）。墨子倡性無善無惡，並認爲人性可以後天之力量改變鑄造。此種人性論，自亦對其政治思想有相當之影響：

第一、墨子用心救世，企圖對當時不合理之局勢作根本之改革，今觀其書，猶可見其熱情躍然紙上。其熱情乃由其信心而來，其信心又由其對人性之看法而來。人性可以改變鑄造，由人組成之社會，造成之局勢，何獨不可以改變鑄造？既可改變鑄造，其救世計劃、改革方案，自不難實施，其目標、理想自不難實現。設若其認爲人性不能改變鑄造，由人組成之社會造成之局勢，亦不能改變鑄造，則必對其目標與理想缺乏信心，既無信心，又如何能有如此之熱情？

第二、墨子苦口婆心，教人兼愛、貴義。苟人性本善，愛義已具，當不待教即能兼愛、貴義，則亦無須教矣。苟人性本惡，不愛、不義，且不能以後天之力量改變鑄造之，使之兼愛、貴義，則教亦無益，又何必教？墨子之所以不辭辛勞，諄諄教人者，乃因其相信人性無善無惡，本不愛、不義，故需要以愛、義教之，使其兼愛、貴義；又相信人性能以後天之力量改變鑄造之，故又可以愛、義教之，而使其兼愛、貴義也。

第三、人性無善無惡，無有天生之善人，亦無有天生之惡人，人人生而相同，則平等之義由之而生（註一八）；人性無善無惡，且可以後天之力量改變鑄造之，則賢與不肖皆非由於天生，而係由於後天之習得，如此貴族未必世代賢能，而世代專權當政，最不合理，故應破除貴族世襲而任用賢能，則尚賢之意由之而生（註一九）。可見墨子之平等精神及尚賢主張亦與其人性論有密切之關係也。

第四、墨子倡天志、明鬼，欲藉天、鬼之力，教人避惡從善，以合其本人之理想，亦係基於其對人性之看法與信念。乃因人性本不可靠，其爲善爲惡，無有定常，全由後天之力量決定，故欲人爲善，不能求之於其本性，只有求之於他力，而他力之必善而最可靠者，唯天、鬼是也。是故設定天、鬼爲最高之道德標準，並有賞善罰惡之力，以戒人爲惡，勵人爲善，而漸改變人性，使之成爲善人。

總之，墨子用心救世，企圖改革，其熱情如此之盛，信心如此之強，且其所持理想如此之高，其所要求於世人者又如此之切，凡此均出於其對人性之看法與信念。不然，則眞如巫馬子之所謂「有狂疾」矣(註二〇)。

第二節　實利主義

墨子辭過篇云：

「凡費財勞力，不加利者不爲也。」

非樂上篇云：

「利人乎即爲，不利人乎即止。」

是主張凡事求其功利，以有無功利作爲與不爲之標準，其說與英哲邊沁 (Jeremy Bentham) 之功利主義(Utilitarianism)相似(註二一)。小取篇云：

「故中效，則是也；不中效，則非也」(註二二)。

是主張凡事須注重其效果，以效果判斷知識與行爲之是非，除與邊沁功利主義之精神一致外，又與美哲杜威（John Dewey）之實驗主義（Experimentalism）相似（註二三）。故兼顧二義，合功利與實驗兩名，而稱墨子之說爲實利主義。

一、實利主義之心理基礎：墨子之實利主義乃建立於人之好利惡害之心理基礎之上。經上云：

「利，所得而喜也；……害，所得而惡也。」

經說上解釋曰：

「得是而喜，則是利也；其害也，非是也。得是而惡，則是害也；其利也，非是也。」

此處本在爲利害作界說，然亦同時可說明實利主義之心理基礎。是謂人皆有喜利惡害之心，見利則喜，必趨而求之，既得之，則必感覺快樂；見害則惡，必趨而避之，若不能免，則必感覺痛苦。邊沁以爲：

「自然將人類置於兩種權威統治之下，卽痛苦與快樂也。二者可單獨指示吾人何事應做，並決定吾人將做何事。是非標準以及其他因果關連，均繫於其寶座之上。二者支配吾人之一切所做，一切所說，一切所思；吾人所作之擺脫其支配之每一努力，將只證明並確立其支配。一人於口頭上，可能假裝棄絕二者之帝國，然事實上，彼將無時不停留而臣服於其中。功利主義承認此種臣服，並假定其爲該主義之基礎，其目標是藉理性與法律之手以維持幸福」（註二四）。

亦在爲其功利主義尋得一心理基礎，其說與墨子之說相似，正可相互發明。其所不同者，乃在墨子以利害爲號，而邊沁則以苦樂爲號。二說之所號雖異，其對人類心理之說明則一也。

然而墨子所說之利害與邊沁所說之苦樂畢竟不同。蓋墨子所說之利害偏於物質方面，不重精神享受（註二五），且其所求者，在於起碼生活之維持，過此則以爲奢侈而非之，故有節用、節葬、非樂之主張。而邊沁所說之苦樂顧及精神方面，且其所求者，不止於起碼生活之維持，而在求幸福享受，凡能增加幸福，提高享受之事，可無限制地追求。此爲二說之根本不同處，亦是墨子實利主義之一大缺點。雖然，二氏所處之時代與環境迥異，宜乎其一尙節儉，一求享受，吾人固不得單就二氏學說之本身以定其功過也。

就墨子之說而論，其爲實利主義所立之心理基礎是否可靠？亦卽其對人類心理作喜利惡害之解釋究竟是否正確？依愚見其答案應屬於肯定之一面。蓋人類得利則喜之，得害則惡之，乃一不可否認之普遍事實。就常理而言，利常可予人以快樂，害常可予人以痛苦，而人類大凡又多喜快樂而惡痛苦。利既可予人以快樂，則誰不喜而求之？害既可予人以痛苦，則誰不惡而避之？故人之所思所行，實受利害所支配，爲利害所決定。雖可能有少數聖賢豪傑之士，其所作所爲，並不計及自身之利害，甚而以普通眼光觀之，其所作所爲反而對自身有害而無利。如英雄之殉於疆場，慈善家之捐助他人，或拋其性命，或捨其財富，對其個人而言，除害之外曾有何利？但推而觀之，深而思之，則不然也。聖賢豪傑之士，拋性命，捨財富，雖對其個人有害無利，然對他人而言，或可有莫大之利，免莫大之害。且聖賢豪傑之士，常爲他人着想，而不爲自己打算，其所以拋性命捨財富者，在求他人之利，除他人之害。他人之利亦是利，他人之害亦是害，故其作爲仍在求利除害，仍爲利害打算，不過其所着眼者爲羣體之利害非一己之利害而已。而爲羣體之利害打算，不爲一己之利害打算，亦是墨子之本意也。故兼愛中篇云：

「仁人之所以爲事者，必興天下之利，除天下之害。」

尤有進者，聖賢豪傑之士，拋性命捨財富，由常人觀之，雖對其自身有害無利，然由聖賢豪傑之士觀之，則未必有害無利，且或正是其大利之所在。蓋聖賢豪傑之士對利害之看法與常人不同，常人只重一己之利害，聖賢豪傑之士則以個人與衆人爲一體，故常以衆人之利害爲一己之利害，衆人之利卽己之利，衆人之害卽己之害，故能犧牲自己求衆人之利，除衆人之害。且常人恒以一己軀體之存亡爲生死，以一己財富之增損爲興衰貧富，而聖賢豪傑之士則以道德之有無爲生死，以人格之高下爲興衰貧富；常人求軀體之存與財富之增，聖賢豪傑之士則求道德之完成與人格之增長，其犧牲一己之性命財富而求他人之利，除他人之害者，正所以完成其道德，增長其人格，以遂其所願所求，是對其自身最有利者；反之則是對其自身最有害者。以此而謂其求利避害，亦無不可，只是其所求之利所避之害與常人所求所避者不同而已。

二、利害之計算標準：墨子之實利主義，在敎人興利除害；而欲興利除害，又須先對利害有明確之認識。然則何爲利？何爲害？利害之大小應如何計算？吾人於墨子書中尋得三項標準，玆述之如後：

㈠利多害少者爲利，害多利少者爲害：墨子大取篇云：

「利之中取大，害之中取小也。害之中取小也（也，畢沅云應爲者。）非取害也，取利也。」

同時有二利，一則大，一則小，而二者不能兼得，只能任取其中之一，當然以取大者較爲有利。若取其小者，所取雖是利，然與其大者相比，則仍爲不利，爲有害。同時有二害，一則大，一則小，而二者不能同免，必任取其中之一，當然以取大者較爲有害。若取其小者，所取雖是害，然與其大者相比，則仍爲無害，爲有利，故所取者誠非害也，而爲利也。今設有甲乙二利，甲利之量爲五，是大利；乙利之量爲二，是小利。若取甲利，則所得利之量爲五，較乙利之量多三，卽去其與乙利相等之量二，仍餘得三量之利，故是有利也。若取乙利，則所得利之量爲二，較甲利之量少三，少得三量之利卽是損失，損失卽是害；且如與甲利同去三量之利，則尙負一量之利，負利卽是害，故是有害也。依同式亦可證得於大小二害間作選擇時，取大害爲害，取小害爲利。故云：

「遇盜人，而斷指以免身，利也」（註二六）。

卽是舉實例以解釋此一標準之應用也。

㈡利於最大多數者爲利，只利於少數而不利於大多數者爲害：墨子大取篇云：

「殺己以存天下，是殺己以利天下。」

己爲少數，天下人爲多數；殺己對己有害，存天下對天下人有利。是謂對少數有害而對多數有利者爲利。又非攻中篇云：

「子墨子言曰：雖四五國，則得利焉，猶謂之非行道也。譬若醫之藥人之有病者然，今有醫於此，和合其祝藥之於天下之有病者而藥之，萬人食此，醫四五人得利焉，猶謂之非行藥也。」

是謂只對少數有利者不能算利。

對人而言，凡事利於多數人者爲利；苟利於多數人，雖對少數人有害，亦是利。只利於少數人者，不能算利；更推而言之，只利於少數人而不利於多數人者，則爲害。對國而言，凡事利於多數國者爲利，只利於少數國者，不能算利；更推而言之，只利於少數國而不利於多數國者，則爲害。實則以整個天下爲範圍言之，多數國卽代表多數人，少數國卽代表少數人，利於多數國者卽是利於多數人，利於少數國者卽是利於少數人，對國而言與對人而言並無不同也。

天下之事有少數人之利害與多數人之利害相一致者，有少數人之利害與多數人之利害無關係者，亦有少數人之利害與多數人之利害相背而互爲增減者。就少數人之利害與多數人之利害相背而互爲增減者言，則當然以利於最大多數人者爲利，以利於少數人者爲害。就少數人之利害與多數人之利害無關係者言，少數人之利與多數人之利同爲利，少數人之害與多數人之害同爲害，然少數人之利爲小利，多數人之利爲大利；少數人之害爲小害，多數人之害爲大害；且若取大利而捨小利，所取者自然是利；若取小利而捨大利，以所取之小利與所捨之大利相較，則有所損失，不是利，而是害。以言小害大害之取捨，其理亦同。就少數人之利害與多數人之利害相一致者言，利於少數人者卽利於多數人，害於少數人者卽害於多數人，似不必再有多數少數之分，其實不然。蓋利害有直接間接之別，求少數人之利，雖同時亦於多數人有利，然少數人所得者爲直接之利，而多數人所得者則爲間接之利。直接之利自勝於間接之利，故與逕求多數人之利，使多數人得直接之利而少數人得間接之利者相較，二者利之總値仍有大小之不同。且以小利與大利相較，大利爲利，而小利就其比大利所缺之部分言，則可謂之害。以言多數人與少數人之害，其理亦無不同。

一事行之多數人而有利，亦卽經多次應用實驗而有滿意之效果也。如行藥焉，用於一人病愈，用於二人病愈，以至用於多數人皆病愈，則是良藥也。墨子解釋此項標準，其精神與功利主義相合，亦與實驗主義一致。且墨子本重羣體之利，宜乎其以人數多少爲判斷利害之標準也。

㈢合於義者爲利，不合於義者爲害：公輸子製成舟戰之鉤強，助楚敗越，甚爲得意，乃誇耀於墨子，以爲其舟戰之法勝於墨子之義，墨子乃告以義之鉤強勝於舟戰之鉤強之理，幾經辯論，公輸子服，乃謂墨子曰：

「吾未得見之時，我欲得宋，自我得見之後，予我宋而不義，我不爲」（註二七）。

公輸子本欲攻宋，自以攻宋爲利，後經墨子勸說，罷而不攻，則必以攻宋爲不利。何以不利？以其不義也。故是以義與不義作爲利與不利之標準。不義之利，必利一己而害他人，且凡事苟行之而合於義，必心安理得，怡然泰然；苟行之而不合於義，則必不安於心，羞慚愧疚。設行一事，利己害人，且行之而不安於心，誠非利也，實是害也。況墨子重羣體之利，而不義之利，或利於少數人而害於多數人，或利於少數國而害於多數國，就整個人類言之，其非爲利而實爲害，更彰彰明矣。

以義與不義爲利害之標準，則是注重利害之質的方面，亦卽利害不獨有量之大小，亦有質之高下，求利除估計量外，亦當估計質。就量而論，當取其大者；就質而論，則當取其高者，即合於義者，下者，即不合於義者，絕不可取也。

墨子計算利害之三項標準，既經論述於上，此處當提出功利主義計算苦樂之標準，以資比較。邊沁擬定七項標準以計算苦樂，即⑴強度(Intensity)，⑵期間(Duration)，⑶確定度(Certainty or uncertainty)，⑷遠近(Propinquity or Remoteness)，⑸生殖力(Fecundity)，⑹純度(Purity)，⑺廣度(Extent)(註二八)。以與墨子者相較，有左列三項應予討論：

㈠墨子除言利害之有無外，單言利害之大小，而邊沁則更精細分析苦樂之強度、期間、確定度、遠近、生殖力、純度及廣度，以計算苦樂之大小。由此觀之，墨子之標準實較邊沁者粗略籠統。然就標準之內涵而言，單言大小，則強度、期間、確定度、遠近、生殖力、純度及廣度等均可包涵於其中矣。且單言大小，較爲周全，分析爲許多項目而一一列舉之，反而有疏漏偏缺之可能。

㈡邊沁計算苦樂之七項標準中，前六項均係應用於個人，計算個人之苦樂者，只有第七項——廣度，關涉羣體，計及羣體之苦樂。而墨子計算利害之三項標準中，除第一項未明示羣體利害外，其餘二項均係指羣體利害而言。此亦墨子實利主義與邊沁功利主義之根本不同點之一。蓋墨子爲羣體主義者(註二九)，而邊沁爲個人主義者(註三〇)。墨子由羣體觀點出發，故所談爲羣體之利害，乃因在墨子眼光中，個人利害未必與羣體利害相一致，且個人之利害不如羣體利害之重要，或根本不是眞正利害，故着眼於求羣體利益，甚而爲羣體之利益而犧牲個人之利益。邊沁由個人觀點出發，故談個人之苦樂，以爲個人之苦樂最爲明確眞實，羣體苦樂只是個人苦樂之總和而已，故着眼於求個人之快樂，更以羣體之快樂保障個人之快樂。

㈢墨子計算利害之標準，前兩項關於量，後一項關於質，是量與質兼顧。而邊沁計算苦樂之標準，則七項均係關於量，而無一項關於質者，是只重量而不重質，即以爲苦樂只有量之大小，而無質之高下。如此，則爲蘇格拉底（Socrates）之樂與爲愚者之樂相等，爲人之樂與爲猪之樂無別矣。密勒（John Stuart Mill）以爲不妥，乃加以修正增補，而承認苦樂有質之高下，計算苦樂之時，不獨計其量，亦當計其質（註三一）。至此功利主義之理論始較爲完滿，而與墨子之說相似也。

然墨子判斷利害之質之標準及其應用，與密勒判斷苦樂之質之標準及其應用，其間仍有極大之不同。其一、密勒以高尚與否判斷苦樂，是估量苦樂價值之大小，高尚之快樂價值大，不高尚之快樂，亦不能謂其毫無價值，只是價值較低而已。而墨子以義與不義判斷利害，則是決定利害之有無，合於義者爲利，不合乎義者，非是利少，而是根本不能稱之爲利。其二，密勒以高尚與否爲標準選擇快樂，則於快樂本身之外，尙注意是否高尙，若一事物快樂而不高尙，另一事物高尙而不快樂，有些人寧取高尙而不快樂之事物（註三二），則其所取者實是高尙而非快樂。如此，快樂與高尙成爲二事，由邊沁快樂大小之選擇，一變而爲快樂與高尙之選擇，將功利主義「苦樂統治一切」之說完全推翻，而功利主義亦不成其爲功利主義矣。而墨子以義與不義爲標準選擇利，非於利之本身外注意義，而是合義與利爲一事，凡合於義之事物必爲利，不合於義之事物必爲不利，即以義爲利，以利爲義，義與利一致，絕無相互矛盾之事。乃因墨子認爲對大多數人有利者始眞爲利，而義即是公利(註三三)，如此義與利尙何分別之有？故經上曰：「義，利也」。義利一致，不相矛盾，實墨子學說之一大特點也。此將於第二篇第五章第二節詳論之矣。

三、實利主義之應用：墨子之實利主義融貫於其全部學說之中，而成爲其思想之中心與立論之基礎，其一切主張無不依實利主義而建立，以實利主義爲論證。其主張兼愛、貴義、非攻、尙同、尙賢、節用、節葬、非樂、非命、天志、明鬼、均因其有利，反對別愛、不義、攻戰、下比、親貴、浪費、厚葬、音樂、信命而不信天、鬼等，又均因其不利。凡此均可於墨子書中見之。此外墨子更以實利主義作爲一切道德、言行、事功、毀譽、賞罰等標準，以之衡量道德之有無，言行之當否，事功之大小，毀譽之可否與賞罰之輕重等。茲舉其要者述之：

㈠以實利主義爲諸德之標準：經上云：

「忠，利君（原作以爲利而強低，依張純一墨子閒詁箋校改）也。」

經說上云：

「忠，以君爲強，而能能（依孫詒讓解下能爲善也）利君，不必容」（原作忠不利弱子亥足將入止容依張純一墨子閒詁箋改。）

利君謂之忠，是以實利主義爲忠之標準也。經上云：

「孝，利親也。」

經說上云：

「孝，以親爲愛（原作芬，依孫詒讓校改）而能能（下能亦善也。）利親，不必得。」

利親謂之孝，是以實利主義爲孝之標準也。經上云：

「義，利也。」

經說上云：

「義，志以天下爲愛（原作芬，依孫詒讓校改）而能能（善也）利之，不必用。」

利天下爲之義，是以實利主義爲義之標準也。

忠、孝、義，均係道德中之重要項目，而均以利解之，可知墨子是以實利主義爲諸德之標準也。

㈡以實利主義爲言行之標準：貴義篇云：

「子墨子曰：凡言凡動，利於天鬼百姓者爲之；凡言凡動，害於天鬼百姓者舍之。」

言行之當與不當，須視其是否合於天鬼百姓之利，合則當，可爲；不合則不當，不可爲。教人於言行之時，愼審考慮，以求有利於天鬼百姓，即是以實利主義爲言行之標準也。

㈢以實利主義爲事功之標準：經上云：

「功，利民也。」

經說上云：

「功，必（依孫詒讓校改）待時，若衣裘。」

利民始謂之功，有功無功，全以是否利民爲斷。然利非絕對（註三四），一事物之是否爲利，除其本身固有之價值外，尚須視其是否適合於需要以爲斷，如衣裘然，夏則衣，冬則裘，必因時令以供所需；若夏本需衣，而反予之裘，冬本需裘，而反予之衣，則非利民，而不能謂之功，亦卽利有相對性也。故必適合於需要始能謂之利，必利民始可謂之功。非攻下篇云：

「利人多，功故又大。」

功之大小，又全以利民之多寡爲斷。是以實利主義爲事功之標準也。

㈣以實利主義爲毀譽之標準：墨子曰：

「今天下之所譽善者，其說將何哉？爲其上中天之利，而中中鬼之利，而下中人之利，故譽之與？意亡非爲其上中天之利，而中中鬼之利，而下中人之利，故譽之與。雖使下愚之人，必曰將爲其上中天之利，而中中鬼之利，而下中人之利，故譽之」（註三五）。

對自己言行之爲與舍，當視其是否合於天鬼百姓之利，上已言之。對他人言行之毀譽，亦當視其是否合於天鬼百姓之利，合則譽之，不合自不當譽，而當毀之。是以實利主義爲毀譽之標準也。

㈤以實利主義爲賞罰之標準：

「今有一人，入人園圃，竊其桃李，衆聞則非之，上爲政者得則罰之。此何也？以虧人自利也。至攘人犬豕雞豚者，其不義，又甚入人園圃竊桃李，是何故也？以其虧人愈多，其不仁茲甚，罪益厚。……殺一人謂之不義，必有一死罪矣；若以此說，往殺十人，十重不義，必有十死罪矣；殺百人，百重不義，必有百死罪矣」（註三六）。

乃謂虧人者，卽對人有所不利，故有罪而當罰。虧人愈甚，卽對人之不利愈大，故其罪愈深，而其罰應愈重。又經上云：

「賞，上報下之功也。」

利民謂之功，已經解說於上。則所謂賞，乃對利民之人予以報答也。賞當計功而行，故「利人多，功故又大」（註三七），其賞自當愈重。

虧人者罰，利人者賞，且依虧人利人之程度，以定賞罰之輕重，是以實利主義爲賞罰之標準也。觀墨子以實利主義作爲道德、言行、事功、毀譽及賞罰之標準，可知實利主義實爲其全部思想之總軸，其一切主張均繞此而轉。而儒家則忌言利，凡事只問其仁與不仁或義與不義，而不問其利與不利，此乃儒墨二家之根本不同點之一，此處僅略爲提及，後當詳爲論述之矣。

又吾人當注意者，墨子雖講實利主義，注重效果，然亦非全不注意動機。魯君有二子，一則好學，一則好分人以財，問墨子孰可以爲太子。墨子答曰：

「吾願主君之合其志功而觀焉」（註三八）。

「志」卽動機，「功」卽效果。墨子主張「合其志功而觀」，是於效果之外尙注重動機也。又耕柱篇云：

「巫馬子謂子墨子曰：子兼愛天下，未云利也；我不愛天下，未云賊也。功皆未至，子何獨自是而非我哉？子墨子曰：今有燎者於此，一人奉水，將灌之；一人操火，將益之，功皆未至，子何貴於二人？巫馬子曰：我是彼奉水者之意，而非夫操火者之意。子墨子曰：我亦是吾意而非子之意也。」

「意」卽動機，墨子是兼愛之意，而非不愛之意，亦卽於效果之外注意動機。此其實利主義與邊沁之功利主義及杜威之實驗主義大不相同之處，雖然，仍不失爲實利主義，是吾人所不當不知者也。

註一：孟子告子上篇。

註二：同註一。

註三：荀子性惡篇。

註四：同註一。

註五：同註三。

註六：同註一。

註七：見楊子法言修身卷第三。

註八：前者如高爾登（F. Golton）與葛達德（Goddard）等所主張，後者如德爾巴克（D'Holbach）與華特生（Watson）等所主張。

註九：孟子告子上云：「富歲子弟多賴，凶歲子弟多暴，非天之降才爾殊也，其所以陷溺其心者然也。今夫麰麥，播種而耰之，其地同，樹之時又同，浡然而生，至於日至之時，皆熟矣，雖有不同，則地有肥磽，雨露之養，人事之不齊也。」是言人性可受環境之影響，應善加培養，然不能使其本性根本改變。荀子性惡篇云：「是以爲之起禮義，制法度，以矯飾人之情性而正之，以擾化人之情性而導之也。」只在求人性之啓導、培養、節制，人性不能根本改變亦可見矣。楊子法言修身卷云：「修其善者爲善人，修其惡者爲惡人。」善惡爲人性本具，只能修之，而不能根本斬除之也。

註　十：該語本出 John Locke 著 Some thoughts concerning Education 一文，該文收入 John William Adamson 編 The Educational writings of John Locke 一書中，P.21-179.

註十一：參閱墨子天志、法儀諸篇，均可見天爲諸善德之所從出，並爲諸善德實踐之監督者，故天爲最高道德標準。

註十二：方授楚著墨學源流上卷第七章一、墨子之教育，頁一二五。

註十三：見蕭公權著中國政治思想史第一編第四章第三節。第一冊頁一三三及該章註四一。

註十四：墨子尚同上云：「古者民始生，未有刑政之時，蓋其語人異義，是以一人則一義，十人則十義。其人茲衆，其所謂義者亦茲衆。是以人是其義，以非人之義，故相非也。……天下之百姓，皆以水火毒藥相虧害。」明言天下百姓之相虧害，係由衆人之意見不同所致，與人性之善惡並無必然之關係也。

註十五：見太虛法師墨子平議（太虛大師全書第十三編(二)頁四一〇）。

註十六：孟子盡心下云：「民爲貴，社稷次之，君爲輕。」離婁上云：「得其民有道，得其心斯得民矣。」是其主張德治，尊重人民，爭取民心之證明也。

註十七：荀子富國篇云：「無君以制臣，無上以制下，天下害生縱欲。」卽主張政府統治人民。其禮論篇中所講之禮，卽用以約束人民之行爲者。

註十八：參閱本篇第三章第一節。

註十九：參閱第二篇第二章第二節。

註二十：見墨子耕柱篇。

註二十一：功利主義（Utilitarianism）以爲人皆求樂避苦，凡事求其快樂，避其痛苦。是以快樂爲有利，以痛苦爲有害，爲無利，與墨子凡事求其功利之精神相一致。

註二十二：梁啓超墨子論理學（附於子墨子學說中）謂「效」有法式之意，相當於三段論式中之格。雖不能謂其全出於附會，然愚以爲依其通俗之義解爲效果，於墨子原文中，亦可通。見子墨子學說頁五七。

註二十三：杜威於 How we think 一書 P.72 謂一完全思想歷程有五種步驟，即㈠發現疑難而待解決之問題。㈡確定問題之性質。㈢發生解決問題之臆說。㈣推演臆說之涵義。㈤繼續觀察試驗以視臆說是否與事實相符，或能否解決問題。若臆說與事實相符，或能够解決問題，則此臆說爲正確。即是以臆說之效果判定臆說之眞僞與價值，與墨子以效果判斷是非之意相似。

註二十四：An Introduction to the Principles of Morals and Legislation, Chapter I P.1–2.

註二十五：梁啓超墨子學案第三章，頁一一〇，謂墨子是個「大馬克斯」，即因其重物質而不重精神。

註二十六：見墨子大取篇。

註二十七：見墨子魯問篇。

註二十八：An Introduction to the Principles of Morals and Legislation, Chapter IV. P.30.

註二十九：參閱本篇第三章第二節。

註三十：邊沁之個人主義，Murray 於所著 An Introduction to Political Philosophy 一書有確切之說明。該書 Chapter XII. P.162 謂：「邊沁與密勒顯然回到霍布斯與洛克早曾宣示之個人主義。且此種主義仍然是支配英國政治理論之傳統。其原則是國家爲個人而存在，非個人爲國家而存在，政府之名分，乃發現於其爲個人提供之服務中，此種服務，不管是滿足個人之欲望，抑或保護個人之權力或其理想之實現。」

註三十一：Utilitarianism, Chapter II. What Utilitarianism is, P14.

註三十二：同註三十一。

註三十三：參閱陳問梅「墨學根本觀念之解析」（中）——五、義的意義，載民主評論半月刊第十五卷第七期（後收入墨學研究一書中）。

註三十四：尹桐陽墨子新釋上冊頁一五解經上「利所得而喜也，害所得而惡也。」謂「以喜惡別利害，明無一定。」即言利有相對性也。

註三十五：見墨子非攻下。

註三十六：見墨子非攻上。

註三十七：同註三十五。

註三十八：同註二十七。

第三章　墨子政治思想之基本精神

前章講墨子政治思想之哲學立場，在討論其政治思想所由建立之依據；本章講墨子政治思想之基本精神，則在探求由其政治思想中所表現之基本觀念與態度。墨子對許多政治問題提出主張以求解決，且其對各問題之主張均彼此照應，互相通貫，以形成其整個之政治主張，用以解決整個之政治問題。由於其對個別或整個政治問題之主張中，自會有意無意間表露其某些基本觀念與態度，亦卽其基本精神也。

墨子政治思想之基本精神，舉其要者言之，爲平等精神、羣體精神、救世精神、擇務精神、創造精神及力行精神。

第一節　平等精神

論語中將人分爲君子與小人（註一）。孟子將人分爲勞心者與勞力者（註二），以爲人有等級之分，乃理所當然。且主張「勞心者治人，勞力者治於人；治於人者食人，治人者食於人」（註三），是又以爲人因等級之不同卽應受不同之待遇。而墨子則富平等精神，恰好與此相反。

墨子之平等精神，可於其兼愛、尙賢、節約等主張中見之。雖其講此諸問題時並未明言平等，然其平等精神實充溢其中，躍然紙上，而不難窺見。

一、由兼愛中見之：班固云：

「及蔽者爲之，……推兼愛之意，而不知別親疏」（註四）。

魏徵云：

「愚者爲之，……推心兼愛，而混於親疏也」（註五）。

是由兼愛以見其平等精神。然班固以爲「蔽者爲之」，方是如此；魏徵以爲「愚者爲之」，方是如此。其實不待「蔽者」、「愚者」，墨子之主張本卽如此也。

兼愛是去親疏之別，非去階級之分，與平等本不相同。然所謂去親疏之別，卽對關係遠近之人一律看待，既一律看待，平等之義自在其中矣。且凡能對一切關係遠近之人一律看待，而無親疏之別者，則對一切地位高下之人，亦必能一律看待，而無階級之分。故兼愛雖與平等不同，而平等精神却由兼愛中充分表現出來。

二、由尚賢中見之：梁啓超曰：

「墨子尚賢主義，實取舊社會階級之習，翻根本而摧破之也」（註六）。

是由尚賢以見其平等精神。

尚賢，則選擇居官當政之人，唯賢是尚；貴族未必統治，平民未必被治。苟平民有才有德，自可居官當政；苟無才無德，卽是貴族，亦不得居官當政，而須接受賢者之統治。且賢者居官當政，自因之而貴，不賢者在野被治，自因之而賤，是人之貴賤亦由賢與不賢而定。故云：

「故官無常貴，民無終賤；有能則舉之，無能則下之」（註七）。

於是貴賤階級打破，人人平等。雖仍有貴賤之分，然貴賤非與生俱來之固定階級，人之身份可於貴賤之間自由流通，爲貴爲賤，機會開放，賢則貴，不賢則賤，完全視各人之才德而定。

三、由節約中見之：此處所謂節約，乃指墨子所講之節用、節葬、非樂三者而言。太史公云：

「其沒死，桐棺三寸，舉音不盡其哀，教喪禮必如此，爲天下之率，使天下若法此，則尊卑無別也」（註八）。

荀子云：

「棺椁三寸，衣衾三領，不得棺飾，……反無哭泣之節，無衰麻之服，無親疏月數之等，各反其平，各復其始」（註九）。

是由節葬以見其平等精神。荀子又云：

「墨子大有天下，小有一國，將蹙然衣麤食惡，憂戚而非樂，……與百姓均事業，齊功勞」（註一〇）。

是由節用、非樂以見其平等精神。

墨子擬定一統一之生活標準及喪葬禮儀，凡人不論身份地位，應一律遵行，過此則視爲奢侈。於是人之身份地位，均不能從其生活及喪葬禮儀中表現出來，富貴者不得過分享受舖張，貧賤者亦得起碼之生活安排。如此，生活及喪儀既無差別，階級便無形消滅，自然人人平等。

以上已由兼愛、尙賢及節約中窺見墨子之平等精神，現當就其平等精神之本身加以討論，以觀其利弊得失矣。

由兼愛所見之平等精神，乃道德意義之平等，卽從道德觀點言，人人應有同等之尊嚴，吾人亦應對一切人之人格予以同樣之尊重，而不當有任何歧視。蓋人就地位、才德言，雖有貴賤、智愚、賢不肖之別，就與我之關係言，雖有親疏遠近之分，然吾人由於道德心之發達充擴，必可承認人所以爲人之尊嚴完全平等，此乃毫無疑問者也。

由尙賢所見之平等精神，則是由道德意義之平等，進而爲制度上之平等。平等精神表現於此一方面，至爲妥當，絕無弊病。此種意義之平等，非中山先生所謂之假平等，而是中山先生所謂之眞平等。人之身份地位可以流通，貴賤已非與生俱來世代相傳之不變階級，賢者治人，由之而貴，不賢者被治，由之而賤。而治人與被治之機會，爲貴爲賤之機會，對一切人完全開放，絕對均等，如此之政治自是一種眞正開明之政治，如此之社會自是一種眞正開放之社會。或以爲墨子主張尙同，與平等精神相背。其實不然，蓋大家雖須逐層服從上級，然在上者必爲賢者，位愈高其人愈賢，且任何人均有同等之機會居在上者之位而爲他人所服從。既如此，尙何不平等之有哉？

由節約所見之平等精神，從某一方面言，則有似於共產主義之經濟平等。大家在生活上一律平等，人人均過一種起碼之生活，受一種起碼之待遇，任何人不得有特殊之享受。然若依此定爲一種制度，則實際上必難以推行。蓋人本有智愚賢不肖之分，智者賢者居官當政，事務繁多，責任重大，其工作之辛勞必遠過於常人，若於生活上及喪儀上與常人完全相同，無任何特殊之享受與榮譽，於理亦有所不當。於此，墨子的確只見到平等之一面，而未見到差別之一面，故荀子云：

「墨子有見於齊，無見於畸」（註一一）。

又云：

「不知壹天下，建國家之權稱，上功用，大儉約，而僈差等（王念孫謂即無差等）；曾不足以容辨異，縣君臣（縣懸也）」（註一二）。

賢智者居官當政，責任重大，工作辛勞，若與常人過同樣之生活，受同等之待遇，則獎勵鼓舞之意必無由表示，誰人尙欲居官當政？且居官當政者，若除責任重大，工作辛勞外，完全與常人過同樣之生活，受同等之待遇，則必無由表示其尊嚴，無人對之羨慕仰望。在上者而無尊嚴，其領導統御權之行使必大受影響。故荀子云：

「……若是，則不足欲，不足欲，則賞不行。……若是，則不威，不威則罰不行」（註一三）。

再就生產方面言之，大家既一律過起碼之生活，受起碼之待遇，而不得過此水準更求享受，則人們必惰於生產，如蘇聯推行第一五年計劃時之情形然。蓋生產雖多；仍不得享受，則誰人尙願努力生產？然吾人須知墨子主張生活平等，並非要人永遠過此種水準之生活，只是反對部分人之特殊享受而已，苟能使人類全體之生活水準提高，自爲墨子所贊同而努力以求者。

總之，墨子之平等精神，實爲一種至高之道德理想，從道德觀點言，吾人當對之寄予崇高之敬意。然若欲將其化爲具體之制度，實際推行，則必於某些方面（如尙賢）可行，於某些方面（如節約）不可行。雖然，苟人之道德心發達，眞至於兼愛之時，則此種平等實行於任何方面當均不成問題矣。

第二節　羣體精神

就大體而論，我國儒道兩家之思想，均以個人爲出發點，而墨家思想則以社會爲出發點。儒家極重視個人之成就，教人做君子，成聖、賢（註一四）；其談政治，亦注重爲政者個人之修養作爲，先言誠意、正心、修身、再言齊家、治國、平天下（註一五）。道家頗重個人之解脫，勸人忘我、養生、全生；其談政治，則注重爲政者個人之態度與權術（註一六）。故謂兩家之思想均以個人爲出發點。墨家思想以社會爲出發點，故重羣體精神，而其羣體精神可由尙同、實利、兼愛等思想，以及其團體組織與紀律中見之。

在墨子尙同思想之下，一家之人，須上同於家君；一里之人，須上同於里長；一鄉之人，須上同於鄉長；一國之人，須上同於諸侯國君；整個天下之人，須上同於天子；天子須上同於天（註一七）。則家、里、鄉、國、天下、每一層級，每一單位，均是一統一體，而家君、里長、鄉長、諸侯國君、天子或天，又分別是各統一體之代表，在每一個統一體之內，個人不得自作主張，個別發展，而須服從統一體之代表，亦卽服從其所屬之團體。如此，自然以團體爲先，以團體爲重，而以個人爲後，以個人爲輕。此乃墨子羣體精神所由表現處之一。

吾人於前章討論墨子之實利主義時，已曾言及，在墨子實利思想之下，對利害之考慮，完全着眼於公衆，其所求者爲公利，所避者爲公害，至於個人或少數人之私利私害，只有在與公利公害不衝突之原則下，始在考慮之列。其計算利害之三項標準中，除第一項未明言係指公利害或私利害而外，其餘兩項均明白表示係指公利公害而言。此乃墨子羣體精神所由表現處之二。

上節曾言墨子提倡兼愛，不別親疏。兼愛是愛一切人，故須由全體着眼；不別親疏，故無差等而個人不顯。若對人有愛有不愛，則須考慮誰當愛，誰不當愛；若對人之愛有多有少，則須考慮誰當多愛，誰當少愛。如此，則必將每一個人分離開來，個別斟酌之，於是全體觀點隱退，而個人因之凸顯。然墨子却正與此相反，而由全體着眼，隱沒個人。此乃墨子羣體精神所由表現處之三。

先秦諸子中，各家俱無組織，唯墨家有之。其首領曰鉅子，可考者有三人，卽孟勝、田襄子、及腹䵍(註一八)。鉅子領導所有墨者，地位極高，權威甚大，凡墨者均應服從之。故莊子云：

「以鉅子爲聖人，皆願爲之尸，冀得爲其後世」(註一九)。

墨家組織中，除以鉅子爲領袖，統一領導外，尚有極嚴格之紀律。腹䵍爲墨者鉅子，其子殺人，秦惠王令吏弗誅，然腹䵍爲行墨者之法，仍誅而無赦(註二〇)。又墨子使弟子勝綽事項子牛，因隨項子牛三侵魯地，墨子以其不能行墨者之道，乃使弟子高孫令其辭職(註二一)。由此二事，可知墨家之團體紀律如何嚴格。

個人既須服從團體之領袖，遵守團體之紀律，而不得於團體許可之外有任何作爲，可見其重團體而輕個人。此乃墨子羣體精神所由表現處之四。

墨子於實利主義中注重衆人之公利，於兼愛思想中主張汎愛一切之人，是從心理上尊重羣體。墨子於尙同思想中及其團體組織中，主張統一見解，遵守紀律，是在行爲上服從羣體。從心理上尊重羣體，是道德方面之羣體精神；在行爲上服從羣體，是法律方面之羣體精神。合而言之，則是一種澈頭澈尾之羣體精神。

墨子注重羣體，凡事由全體着眼，爲全體打算，以求成就整個社會，自是其極大之優點，然其弊端亦正由此隨之而起。蓋過分重視羣體，必至輕忽個人，使個人之自由受約束，個人之人格被掩沒。如此，個人必無由成就。個人既不得成就，則社會之成就亦必失却依據。故墨子過重羣體以至輕忽個人，確是一大缺點。然此種觀念實與其救世熱忱與自我犧牲之精神有關，就動機言，本無可厚非也。

第三節　救世精神

墨子用心救世，其全部學說皆爲救世而唱。大取篇云：

「殺一人以存天下，非殺一人以利天下也；殺己以存天下，是殺己以利天下。」

只要有利於天下，雖犧牲自己之生命，亦在所不惜。殺己以存天下，是對天下有利；既對天下有利，則當奮勇爲之。是何等救世精神！經上云：

「任，士損己而益所爲也。」

經說上云：

「任，爲身之所惡，以成人之所急。」

爲求有益於當世，以救世人之所急，雖己身厭惡乃至有損於己身之事，仍勉力爲之。亦充分表現其救世之精神。

墨子用心救世。孔子周遊列國，孟子游說諸王，栖栖惶惶，席不暇暖，亦在存心救世。然墨子救世之態度與儒家不同，而較儒家更熱心，更積極。儒家總以爲須當政始可施展抱負，而天下有道始可以當政，故主張「不在其位，不謀其政」(註二二)，「邦有道則仕，邦無道，則卷而懷之」(註二三)；又主張「天下有道則見，無道則隱」(註二四)，「可以仕則仕，可以止則止，可以久則久，可以速則速」(註二五)，「扣則鳴，不扣則不鳴」(註二六)，如不得其志，道不能行，則「乘桴浮於海」(註二七)。而墨子則一切不顧，毫無保留，不管是否受歡迎，是否受禮遇，只一心一意，爲救世打算；東奔西走，爲救世而努力。只要對救世能有所貢獻，則吃苦受辱，赴湯蹈火，在所不計。故莊子謂其：「雖枯槁不舍也」(註二八)，孟子云：「墨子兼愛，摩頂放踵，利天下爲之」(註二九)。其用意雖均在批評墨子，而其結果，却正充分表現墨子忘我救世之精神。

墨子之救世精神，於墨子書中，更隨處可見。魯問篇云：

「魯之南鄙人，有吳慮者，冬陶夏耕，自比於舜。子墨子聞而見之，吳慮謂子墨子曰：義耳！義耳！爲用言之哉？子墨子曰：子之所謂義者，亦有力以勞人，有財以分人乎？吳慮曰：有。子墨子曰：翟嘗計之矣，翟慮耕而食天下之人矣，盛，然後當一農之耕，分諸天下，不能人得一升粟。籍而以爲得一升粟，其不能飽天下之饑者，既可睹矣。……」

公孟篇云：

「公孟子曰：實爲善人，孰不知？……子墨子曰：不強說人，人莫之知也。……行說人者，其功善亦多，何故不行說人也？」

均謂墨子反對獨善其身之消極態度，而主張兼善天下，積極救世。且主張喚醒世人，使人人自覺，各盡職責，共同爲救世而努力。耕柱篇云：

「巫馬子謂子墨子曰：子之爲義也，人不見而耶（王引之云耶當爲服），鬼不見而富（福也），而子爲之，有狂疾矣。子墨子曰：使子有臣（畢云家臣）於此，其一人者，見子從事，不見子則不從事；其一人者，見子亦從事，不見子亦從事，子誰貴於此二人？……」

此足以說明墨子救世，非在求表現，出風頭，亦非爲表功勞，求賞譽，而是完全出於至高之熱忱。故云：

「爲義非避毀就譽」（註三〇）。

亦在說明墨子救世非爲要功求譽，只因滿腔救世熱忱，使其覺得應當如此做，便如此做，至於個人之得失利害，全不顧及。貴義篇云：

「子墨子自魯即齊，過故人，謂子墨子曰：今天下莫爲義，子獨自苦而爲義，子不若已。子墨子曰：今有人於此，有子十人，一人耕而九人處，則耕者不可以不益急矣。何故？則食者衆而耕者寡也。今天下莫爲義，則子如（如猶言宜）勸我者也；何故止我？」不因世人皆不行義而稍爲消極退畏，反而更積極，更奮勇，是何等救世精神！梁啓超稱其爲「小基督」（註三一），眞當之無愧也。然太虛法師曾因此段而謂墨子「夫衆皆惰而益自勤，雖枯槁不舍其事，洵難能可貴哉？然不知任衆而徒自疲苦，一手一足雖勤，曷若衆手衆足之易爲而多功哉？故以之自處，則其愚不可及，由之偕天下而相進，則爲亂之上治之下也」（註三二）。甚矣，太虛之誣墨子！墨子喚醒世人，共同爲救世而努力之意，已於上引魯問、耕柱兩段中見之。不觀他處，而逕斷章取義，據此以爲墨子「不知任衆而徒自疲苦」，是輕率不知深思之過矣。

以上墨子是從言談間表現其救世之精神，此外，墨子之救世精神，亦充分表現於其思想行動之中。墨子曾止楚攻宋（註三三），游衛（註三四），游越及魏，阻齊伐魯（註三五）。此諸行動均充分表現其救世之精神。墨子講兼愛，主張汎愛天下之人；倡非攻，祈求永久和平。此諸思想，亦莫不充分表現其救世之精神。

墨子政治思想中，某些主張，某些觀念，誠有瑕可指，不容否認。然對墨子之救世精神，吾人除敬佩讚揚外，實無話可說。雖對墨子曾破口大罵，苛刻批評如孟子者，亦無閒然矣。莊子雖曾指斥墨子之缺點，然終謂：「墨子眞天下之好也，將求之不得也」（註三六），其讚歎之情，充分流露於言辭之間。

第四節 擇務精神

近世西洋孟德斯鳩（Montesquieu）以法律無絕對之善惡，當視一國之風土而定（註三七）。盧梭（Rousseau）以爲制度無絕對之好壞，須視一國之環境及居民性質而定（註三八）。是均主張因國家之需要而行事。墨子熱心救世，雖其態度積極，自信頗深，然並不認爲其所持之主張與所擬之方案可「質諸鬼神而無疑，百世以俟聖人而不惑」（註三九），而亦認爲各種主張與方案，應因國家之情況而採行，並依國家之情況而定其輕重緩急。故曰：

「凡入國，必擇務而從事焉。國家昏亂，則語之尚賢尚同；國家貧，則語之節用節葬；國家憙音湛湎，則語之非樂非命；國家淫僻無禮，則語之尊天事鬼；國家務奪侵凌，則語之兼愛非攻」（註四〇）。

此段所述，乃墨子政治思想之綱領。其各種主張與方案，均係用以醫治國家各種病症者。尚同尚賢，爲醫治國家之昏亂者；節用節葬，爲醫治國家之貧窮者；非樂非命，爲醫治國家之憙音湛湎者；尊天事鬼，爲醫治國家之淫僻無禮者；兼愛非攻，爲醫治國家之強奪侵凌者。故對昏亂之國家，或當國家昏亂時，則應倡尚同尚賢，或以尚同尚賢爲施政重心；對貧窮之國家，或當國家貧窮時，則應倡節用節葬，或以節用節葬爲施政重心；對憙音湛湎之國家，或當國家憙音湛湎時，則應倡非樂非命，或以非樂非命爲施政重心；對淫僻無禮之國家，或當國家淫僻無禮時，則應倡尊天事鬼，或以尊天事鬼爲施政重心；對強奪侵凌之國家，或當國家強奪侵凌時，則應倡兼愛非攻，或以兼愛非攻爲施政重心。國家情況不同，需要不同，則其對治之法或施政重心亦因之而不同，故曰「擇務而從事焉」。

墨子之擇務精神與其實利主義有極密切之關係，吾人可謂其擇務精神實由其實利主義延申而來。乃因其實利主義戒忌浪費，注重效果，凡事須審視需要，推斷效果，確認當前的確需要，將來亦必有良好之效果，始主張之，採行之。對國家之事而言，尤其應當如此。故云：

「功，必（本作不依孫校改正）待時，若衣裘」（註四一）。

即謂治國施政，一切舉措均當適合時勢之需要，如夏需衣，則予之衣；冬需裘，則予之裘。若夏需衣，反予之裘；冬需裘，反予之衣，則與實利主義相背，亦與擇務精神不合也。又非命上篇云：

「故言必有三表，何謂三表？子墨子言曰：有本之者，有原之者，有用之者。於何本之？上本之於古者聖王之事；於何原之？下原察百姓耳目之實；於何用之？發以爲刑政，觀其中國家百姓人民之利。」

既審視時勢，依其需要而採行治國施政之主張與方案，然其施行之效果究竟如何，亦當確爲考察推斷之。其考察推斷之途徑有三：一曰從歷史上考察，由古代聖王之行事中觀其效果；二曰從人民身上考察，由人民之見聞反應中觀其效果；三曰從實行上考察，由主張或方案之實際推行中觀其效果。由此三途考察推斷，若其效果均甚滿意，則當採行之；若其效果均不滿意，而仍採行，則不獨違背實利主義，亦違背擇務精神也。

總之，所謂擇務精神，卽治國施政之主張與方案，須視需要與效果以定其取捨及輕重緩急，與墨子凡事求利避害，及以效果判斷價值之實利主義完全一致，故謂墨子之擇務精神乃由其實利主義延申而來，當無問題矣。

墨子實利主義之本身雖有其缺點，然此由實利主義延申而來之擇務精神，則絕無不當之處，且在今日，擇務精神已成當然必要。蓋治國施政之目的莫非在求國家人民之利，然而何謂國家人民之利？則又不能一概而論。乃因國家與國家之情況不同，有位於大陸者，有位於海島者；有居熱帶者，有居寒帶者；有人口過多者，有人口過少者；有土地肥沃而物產豐盛者，亦有土地貧瘠而物產稀少者。卽對同一國家而言，其情況亦因時代之不同而前後互異，有平時，有戰時；有治時，有亂時；有強時，有弱時；有社會風氣純厚之時，亦有社會風氣浮華之時。國家情況不同，則需要不同，需要不同，則所謂國家人民之利亦便不同，於是國家之施政目標與重心有所變更，對治國施政之主張與方案之取捨，自亦不能不因之而異。尤有進者，施政目標與重心之決定，以及主張與方案之採取，苟有不當，行之而無效果，或其效果不能令人滿意，自當捨棄更換，或依照實際情況予以修正。此乃理之當然，無人敢謂其有不當之處也。

第五節　創造精神

比較言之，儒家之主張較溫和，而墨家之主張則較為激進（註四二）。故儒家雖贊成改良，然極尊重傳統；墨家雖藉重傳統，然尤富創造精神(註四三)。耕柱篇云：

「公孟子曰：君子不作，術而已(畢云術即述)。子墨子曰：不然，人之其(蘇時學云其為甚字之誤)不君子者，古之善者不誅(畢云誅當為述)，今也善者不作。其次不君子者，古之善者不遂(畢疑遂當為述)，已有善則作之，欲善之自己出也。今誅而不作，是無所異於不好遂而作者矣。吾以為古之善者則誅之，今之善者則作之，欲善之益多也。」

公孟子為儒者，以為君子當述而不作，其主張與孔子「述而不作，信而好古」(註四四)相似。墨子則反對此種態度，而以為既不述又不作者，最不是君子，以其對當今及後世毫無貢獻也。單作而不述者，其次不是君子，乃因其欲掩古人之善，而彰一己之功也。單述而不作者，與單作而不述者同，亦其次不是君子，因其仍有所偏缺也。眞正之君子，應當述則述，當作則作；古之善者則述之，不善者則不述；今之善者則作之，不善者則不作。蓋述善可使善益多，作善亦可使善益多，為求善之益多，何故單述而不作耶？是墨子主張創造之理由之一也。非儒下篇云：

「又曰(案係儒者曰)：君子循而不作，應之曰(案係墨子應之)：古者羿作弓，伃作甲，奚仲作車，巧(俞樾云當作功)垂作舟，然則今之鮑函車匠，皆君子也？而羿、伃、奚仲、功垂，皆小人邪？」

任何事物，必先有創始之人，後人始得而循之。若依儒者「君子循而不作」之意，循而不作為君子，反之，作而不循則為小人，然則如作弓之羿，作甲之伃，作車之奚仲及作舟之功垂皆成為小人，而後之造弓、甲、車、舟之工匠皆成為君子邪？雖愚者亦知其不合情理。此墨子主張創造之理由之二也。此外墨子又由反對儒者古言古服中表現其主張創造之精神，非儒下篇又云：

「儒者曰：君子必古言服（本作服古言依王念孫意改），然後仁。應之曰：所謂古之言服者，皆嘗新矣，而古人言之服之，則非君子也。然則必服非君子之服，言非君子之言，而後仁乎？」

所謂古言古服，在今日爲古，在古時則爲新。今人所言之古言，古人言之卽是新言；今人所服之古服，古人服之卽是新服。依儒者「君子必古言服，然後仁」之原則，則古人所言盡是新言，所服盡是新服，而今人所言盡是古言，所服盡是古服，然則今人皆仁？而古人皆不仁耶？古言服爲君子之言服，新言服爲非君子之言服，苟古人有仁者，則必言非君子之言，服非君子之服而後仁？今人有不仁者，則必言君子之言，服君子之服而後不仁耶？豈有此理？又墨子曰：

「昔者商王紂，卿士費仲，爲天下之暴人，箕子、微子，爲天下之聖人，此同言，而或仁或不仁也。周公旦爲天下之聖人，關叔爲天下之暴人，此同服，或仁或不仁。然則不在古服與古言矣」（註四五）。

實則仁與不仁，與言服之古與不古毫無關係，言古言服古服者未必仁，言非古言服非古服者，亦未必不仁，何以知之？商紂、費仲與箕子、微子、同是殷人，同言殷言，然而箕子、微子仁，而商紂、費仲不仁；周公、關叔同爲周人，同服周服，然而周公仁，而關叔不仁。以此知仁與不仁不在是否古言古服，故不當一味崇古，而硬倡古言古服矣，此墨子主張創造之理由之三也。又云：

「且子（指公孟子）法周而未法夏也，子之古非古也」（註四六）。

且所謂「古」，根本無一定之標準，不能成立。吾人視周爲古，然周人則視夏爲古，而視周爲今。儒者法周，以爲是法古，實則周尚不够古，蓋夏較周更古也。古既無一定標準，不能成立，則不當以循古爲君子，以古言古服爲仁，而主張「君子述而不作」。此墨子主張創造之理由之四也。

墨子反對儒者「述而不作」，及「古言古服」，而主張創造之大意已述之如上，另外有尚須討論者二：

墨子對儒家之批評雖大體不差，然仍有不實之處，蓋孔子誠有「述而不作」之語，其尊崇古代亦屬事實，然「君子必古言服，然後仁」，恐非盡爲儒家之意，乃因孔子曾明言：「麻冕，禮也；今也純，儉，吾從衆」（見註四十三）。然墨子書中言儒者主張「君子必古言服，然後仁」而非之，若謂由於墨子僞託以厚誣儒者，是亦不然。太虛大師謂：「散陋之儒大都言服古（案應作古言服）（註四七），據此，知墨子所非實陋儒之言行。此其一也。

舍其對儒家之批評不論，單就墨子創造精神之本身而言，則可謂確當完美，絕無瑕疵。蓋時代不同，時勢遷移，往昔之良法善制，在今日或成陳舊，而不切實用；今日之良法善制，至將來或已落伍，而不合時宜。苟不酌情變革，隨時創造，卽不窒礙難行，亦必僅得維持現狀，而永無進步之可言矣。且墨子主張創造，並非存心立異標新，盡舉往昔之良法善制而棄之，乃是參酌過去，審察當今，視時勢之所需而定「循」「作」，古之法制用於今日仍爲善良者，則遵循之，倘古之法制已陳舊落伍，不切實用，不合時宜，而須另立新法，另定新制時，則創造之。此種通達事變，穩健進取之創造精神，尚何瑕疵之有？此其二也。

第六節　力行精神

吾國文化與西方文化不同點之一，在西方爲學術而學術之精神特顯，而吾國則理論與實踐合一。故吾國先聖先賢皆重力行(註四八)，而墨子尤甚。梁啓超以爲墨子學說雖有價值，然亦多缺點，至其人格，則爲千古之大實行家，不獨爲中國所無，亦且爲世界少有(註四九)。信哉！墨子重力行之精神，由其言論及行事中均可見之。

一、由其言論中見之：墨子曰：

「今瞽者曰：鉅（依俞樾校當作豈）者白也，黔者黑也，雖明目者無以易之。兼白黑使瞽取焉，不能知也。故我曰瞽不知白黑者，非以其名也，以其取也。今天下之君子之名仁也，雖禹湯無以易之，兼仁與不仁，而使天下之君子取焉，不能知也。故我曰天下之君子不知仁者，非以其名也，以其取也」(註五〇)。

墨子凡事注重功效，而功效由行爲而生，知識之可貴處，即在其能發爲正確之行爲，苟僅知之言之，而不能力行，則直如不知。如滿口仁義道德，而所做所爲適與仁義道德相背，於天下何益？又曰：

「言足以復行者，常之；不足以舉行者，無常。不足以舉行而常之，是蕩口也」(註五一)。

謂不可行而空言，是徒敝其口。故必可行者，始得而害之。即在戒空言，而勸人力行也。墨子謂**告子**(案當非孟子中所謂之告子)曰：

「政者，口言之，身必行之」(註五二)。

告子口言之，而身不行，故墨子斥之，並告以爲政之道，不應徒尚空談，而當言而必行，亦即注重力行也。

此外由尚賢、非命、明鬼諸說，亦可見其力行精神。蓋尚賢則「官無常貴，民無終賤」，「舉義不避遠」(註五三)，故人人必競相爲義，期由力行而得舉爲貴也。非命則貧富窮達均非前定，而決於各人之造就，故人人必努力進取，期由自力而至於富達也。明鬼則有靈魂，有靈魂則有來生，有來生則死而非了，故人人必努力進德修業，不貪今生享受，而造來世之福也(註五四)。

二、由行事中見之：越王聞公尚過謂墨子賢，而想用之，乃以封地五百里爲條件，爲公尚過束車五十乘，迎墨子於魯，墨子問公尚過曰：

「子之觀越王能聽吾言用吾道乎？」

公尚過答以「未必」，墨子乃不肯去，並斥責公尚過曰：

「不唯越王不知翟之意，雖子亦不知翟之意。意越王將聽吾言，用吾道，則翟將往，量腹而食，度身而衣，自比於羣臣，奚能以封爲哉？抑越王不聽吾言，不用吾道，而吾往焉，則是以義糶也。鈞之糶，亦於中國耳，何必於越哉」(註五五)？

墨子念念不忘行其道，苟道不得行，雖高爵厚祿，亦棄之如敝履，其力行之精神可見矣。又墨子使其弟子勝綽事項子牛，勝綽三次隨項子牛侵魯，墨子以其不能行墨者之道，乃使弟子高孫子請而退之，並告以「言義而弗行，是犯明也」(註五六)。亦充分表示其注重力行也。

此外墨子主張節約，其生活標準爲「堂高三尺，土階三等，茅茨不翦，采椽不刮；食土簋，啜土型，糲粱之食，藜藿之羹；夏日葛衣，冬日鹿裘」(註五七)。主張勞動，則效法大禹「腓無胈，脛無毛，沐甚雨，櫛疾風，……日夜不休，以自苦爲極」(註五八)。主張非攻，則東奔西走，止楚攻宋(註五九)，阻齊伐魯(註六〇)。凡所主張者，均能親身實踐，力行精神豈有過於此者！

吾人對墨子之力行精神，與對其救世精神，同樣只有敬佩讚揚，而無可批評。孟子雖用意苛責墨子，然「摩頂放踵」(註六一)之評語，不獨不足以貶損墨子身價，反足以表彰墨子功德。至於莊子「眞天下之好也」(註六二)等語，更流露出無限欽敬羨慕之情。平心而論，墨子力行精神之偉大，雖基督亦不過如此，吾人安得不對之欽羨景仰哉？

註　一：論語中言君子與小人處甚多，有依道德分者，亦有依地位分者。依道德分，是有德者爲君子，無德者爲小人；依地位分，是治者爲君子，被治者爲小人。此處當然指依地位而分之君子與小人言。

註　二：孟子滕文公上。

註　三：同註二。

註　四：漢書藝文志（漢書卷三〇，頁一四七）。

註　五：隋書經籍志（隋書卷三四，頁一〇七）。
註　六：梁啓超子墨子學說第五章，頁四二。
註　七：尙賢上篇。
註　八：史記太史公自序，司馬談論六家要指（史記卷一三〇，頁二七九）。
註　九：荀子禮論篇。
註　十：荀子富國篇。
註十一：荀子天論篇。
註十二：荀子非十二子篇。
註十三：同註十。
註十四：詳讀論語孟子各篇可知。
註十五：見大學首章。
註十六：參閱老子各章，及莊子齊物論、逍遙遊、應帝王等篇。
註十七：尙同上篇。
註十八：見呂氏春秋上德篇、去私篇，及孫詒讓墨子閒詁墨子後語上墨家鉅子條——世界版頁三三—三五。
註十九：莊子天下篇。
註二十：見呂氏春秋去私篇。
註二十一：魯問篇。
註二十二：論語憲問篇。

註二十三：論語衞靈公篇。
註二十四：論語泰伯篇。
註二十五：孟子公孫丑上。
註二十六：墨子公孟篇公孟子語，案公孟子爲儒者。
註二十七：論語公冶長篇。
註二十八：同註十九。
註二十九：孟子告子下。
註　三　十：耕柱篇。
註三十一：梁啓超墨子學案第三章，頁二〇。
註三十二：太虛法師墨子平議頁一七，即太虛大師全書頁四二六。
註三十三：公輸篇。
註三十四：見貴義篇。
註三十五：均見魯問篇。
註三十六：同註十九。
註三十七：參閱嚴復譯孟德斯鳩法意第十四卷第二、五、十五各章，第十七卷第二章及第十八卷第一、二章。
註三十八：馬君武譯盧梭民約論第二書第十一章，頁九九—一〇〇。
註三十九：中庸第二十九章。
註　四　十：同註二十一。

註四十一：經說上。

註四十二：墨子兼愛、節用、節葬、非樂等主張均較儒家爲激烈，梁啓超墨子學案第二章，頁一一亦有墨子較爲激進之意。

註四十三：論語子罕篇：「子曰：麻冕，禮也；今也純，儉，吾從衆。」可見儒家讚成改良。又八佾篇：「子曰……吾從周。」可見儒家極尊重傳統。墨子亦常以堯舜禹湯爲號，其天志、明鬼，尤取法古意，是亦藉重傳統。然墨子之本意不過藉古人之名以傳己說，非眞正崇古也。

註四十四：論語述而篇。

註四十五：公孟篇。

註四十六：同上。

註四十七：太虛法師墨子平議頁二三，卽太虛大師全書頁四三三。

註四十八：如儒家之孔子，道家之老、莊，法家之管仲、商鞅等，均在求其主張能用於人生政事，且均能對其主張身體力行。

註四十九：梁啓超墨子學案第六章，頁三〇。

註五十：同註三十四。

註五十一：見耕柱篇，亦見貴義篇，而文辭稍異。

註五十二：同註四十五。

註五十三：均見尙賢上篇。

註五十四：參閱梁啓超子墨子學說第五章，頁四三。

註五十五：同註二十一。
註五十六：同上。
註五十七：史記太史公自序（史記卷一三〇，頁二七九）。
註五十八：同註十九。
註五十九：見公輸篇。
註 六 十：同註二十一。
註六十一：同註二十九。
註六十二：同註十九。

第二篇　本　論

第一章　政治起源與政治理想

談政治起源，在討論政治是爲何發生，以及如何發生；談政治理想，在討論政治應趨於何種方向，以及達於何種境界。一是政治之開端，一是政治之終點；一是實然問題，一是應然問題。本章討論墨子對政治起源之看法與其所懷抱之政治理想，卽是從政治之開端看其對實然問題之認識，並從政治之終點看其對應然問題之態度。

第一節　政治起源

吾人擬於此節中，將有關政治起源之問題分爲三項討論之，一爲自然狀態，二爲政治起源，三爲天子之權威及其限制。

一、**自然狀態**：近代西方政治思想家，於討論政治起源時，多假定在政治發生之前，有一自然狀態。而關於此一自然狀態之見解，則各不相同。大致言之，可分爲兩派，一是認爲自然狀態中充滿混亂、鬪爭、恐怖與危險。可以霍布斯（Thomas Hobbes）爲代表。霍氏謂：

「在此一時代中，無一使人們皆有所畏懼之普遍權力，彼等乃生存於一被稱爲戰爭之狀態中；且此種戰爭，乃是每一人對抗每一人。……每一人對每一人均係敵人，……人們除自身之力量與自己之發明外，更無其他安全之保障。在此情形下，不會有工業，乃因利益無法確保，且因此地球上不會有文化；……而其中最壞者，乃係繼續之恐懼，以及暴死之危險；且人們之生命係孤獨、可憐、淫腐、野鄙而短暫」（註一）。

一是認爲自然狀態中盡是自由、平等、和平與幸福。可以洛克(John Lock)與盧梭(Rousseau)爲代表。洛氏謂：

「人們所在之自然狀態，是一在自然法約束內，隨己意完全自由安排其行動與處置其財富及人身之狀態，不須要求許可或依賴他人之意願。……亦是一平等之狀態，……無人較別人所有更多，……彼等生而有同樣有利之稟賦，且使用同樣之才能。……自然狀態由一自然法統治，此法管轄任何人，且理性（卽此法）教一切願顧及它之人皆平等並獨立，無人應傷害他人之生命、健康、自由或財富」（註二）。

盧梭對自然狀態之見解與洛克略同，不過其認爲在自然狀態中，人之行動非基於理性，而係基於感情、私慾與同情（註三）。

墨子亦認爲在政治發生之前，有一自然狀態。故云：

「古者民始生，未有刑政之時，蓋其語人異義。是以一人則一義，二人則二義，十人則十義。其人茲衆，其所謂義者亦茲衆。是以人是其義，以非人之義，故交相非也。是以內者父子兄弟作怨惡，離散不能相和合。天下之百姓，皆以水火毒藥相虧害，至有餘力，不能以相勞；腐死餘財，不以相分；隱匿良道，不以相教。天下之亂，若禽獸然」（註四）。

墨子之說，顯然與洛、盧二氏之說相背，而與霍布斯之說同調。蓋依墨子之見解，自然狀態中之情形，一是人之思想觀念各不相同，二是人與人間不彼此互助，而是相互鬪爭殘害。其結果是一片混亂，與禽獸社會無異。如此，人之生命財富全無保障，自無幸福之可言，更無產生文化之可能也。

上述諸人對自然狀態之描繪，究竟以何種史料爲依據，吾人不得而知，故無由評其所據史料之正確與否。然依常理推斷，當以墨子與霍布斯之說較近事實。蓋自然狀態之中，無政府，無法律，人人各依其一己之意而行，衝突、鬪爭以至相互虧害殘殺之事，自必不免。試問若將今日各國之政府解散，各種法律制度完全廢除，使人人毫無約束，任意而行，其情形將何如哉？余以爲必與墨子及霍布斯所述自然狀態中之情形無異。因而洛克與盧梭以爲自然狀態中盡是自由、平等、和平與幸福，直是一種幻想，絕難與歷史事實相符。吾國老子崇尚自然，以自然狀態爲盡善盡美（註五），衡以史實，當與洛、盧二氏之說同樣錯誤也。

不過諸人立說皆有用意，吾人固不得全以是否合於歷史事實爲標準而論其得失也。霍布斯將自然狀態描寫爲極其混亂可怕，其用意在強調君主之重要，加強君主之權威，使人思及有回返自然狀態之危險，而不敢反抗君主，推翻政府。洛克與盧梭將自然狀態描寫爲極其甜美可愛，其用意在反對專制，貶抑君權，使君主知人在自然狀態中本極自由、幸福，而不當對人民橫加干涉欺壓。盧梭更進而否定君權，提倡民主。然則墨子將自然狀態描寫為極其混亂、可怕，是否亦與霍布斯同樣想藉此以強調君主之重要，而加強君主之權威？余以為否。蓋墨子僅由此而主張設政長以統一人之思想觀念及禮法習俗（即上同），人之思想觀念及禮法習俗須上同於天子，雖可加強天子之權威，然其求統一之眞正目的，乃在求百姓萬民之公利，非即在於天子權威之加強也。

二、政治起源：霍布斯既以為自然狀態中充滿混亂、鬪爭、恐怖與危險，而此種狀態之存在，又由於「無一使人們皆有所畏懼之普遍權力」，因而欲結束此種狀態以求得和平、安適，必須建立一普遍權力。其建立之途徑是：一人認為為和平與自衛必須對一切事放棄權力時，當他人放棄時，彼亦願放棄；且彼對自己所有以對抗他人與允許他人所有以對抗彼之同等權力而滿足。基於此，人們可彼此相約以建立一種權威，並將自己所有一切權力放棄而交付之。此種權威是一人，或是一人之集團（註六）。此即是政治之起源。洛克與盧梭雖認為自然狀態中盡是自由、平等、和平與幸福，然亦承認其中有諸多不便。洛克以為在自然狀態中，雖人人皆為自然法之執行者，然無一團體有權執行該法以保障無罪並限制犯罪，則該法實等於無；且任何人皆可對他人之犯罪加以處罰，而大家均處於平等之地位，無人之優勢或裁判超乎他人之上，頗難發生效果，故需要一種權力，人們亦便相約而建立一政治社會（註七）。盧梭以為人在自然狀態中，有各種阻力以妨礙其保存，每人須以自身之力量抵抗之，以謀自存，不若結合衆力以抵抗之為可靠。故人們成立契約，相互結合，政治之事亦因之而產生也（註八）。

墨子以爲自然狀態中，由於人之思想觀念及禮法習俗各不相同，而相互鬪爭、殘害，以至形成一片混亂，與禽獸社會無異；且以爲此種混亂之狀態，乃由於無統治者以行統治所致。因而欲結束此種混亂之狀態，必須設置政長，建立政府，以實行統治。故云：

「夫明乎天下之所以亂者，生於無政長，是故選擇天下之賢可者，立以爲天子。……」（註九）。天子選立之後，再由天子選立其輔佐者及下級政長，並授權其下級政長選立更下級之政長（註一〇），以成立政府，實行統治，於是政治之事開始。

霍、洛、盧三人關於政治起源之理論，均稱之爲契約說。此種說法，自難與歷史事實相符。蓋古代人類散處，又缺乏知識，絕不能共商以訂立契約。然爲對政治起源作一合理之解釋，爲替政治尋一理想之起源，則契約說確甚適當。若不將之作爲一事實看，而將之作爲一應然之理想看，契約說仍有其價值。故吾人不必就其是否合於歷史事實一點，多作探討。此處所應討論者，爲關於墨子政治起源說中之兩項問題。

（一）、**爲天子選立之問題**：卽天子究竟由何人所選立？尙同上篇「夫明乎天下之所以亂者，……是故選擇天下之賢可者，立以爲天子」諸語，省略主詞，於是由何人選立天子，便發生問題。梁啓超以爲「明乎天下之所以亂」之主詞是人民，「選擇天下之賢可者，立以爲天子」之主詞亦是人民，卽由民明之，由民選擇之，亦由民立之。因而謂：「墨子謂國家爲民意所公建，其論甚明，中國前此學者，言國家之所以成立，多主張神權起原說（如天生下民作之君諸義），家族起原說（如天下之本在國國之本在家諸義），惟墨子以爲純由公民同意所造成」。並舉經上「君臣萌通約也」句以爲證明(註一一)。陳顧遠之看法與梁氏略同，以爲墨子不主張國家神造說，亦不主張政府天命說，政治之起源，「乃是人民感於各是其義底不便，由於沒有政長，大家纔商量起來，選擇天下之賢者，立他做天子」。並舉尚同下篇「是故天下之欲同一天下之義也，是故選擇賢者，立爲天子」諸語以爲證明(註一二)。

余頗不以梁、陳二氏之說爲然。梁啓超僅依西洋契約說加以附會，並無確切根據。其所據經上「君臣萌通約也」一句，依陳啓天之標點，爲「君、臣萌通約也」。陳氏並謂：「按約字非謂契約，乃謂約束也；通約、猶今言統治。『君臣萌通約也』全句，譯成現代話，不過說君是統治臣民的，絕無民選的意思」(註一三)。陳顧遠雖聲明墨子之說與契約說不同，然其本人之解釋，恐亦難免受契約說之影響。且其所據尚同下篇「是故天下之欲同一天下之義也，……」諸語，亦有問題，蓋依孫詒讓校正，天下二字當作天(註一四)，故不能「指天下人」而言。蕭公權謂：「按墨子既無民選之明文，而其思想系統以及歷史背景均無發生民選觀念之可能。……蓋當刑政未有之時，人各異義，相爭相殘，孰信『亂若禽獸』之民，能詢謀簽同，選立賢者而共戴之乎？故曰民選之說，與墨子思想不合也。吾國古代傳說有傳賢禪位之事，然民選君長則絕未之聞。故以孟子之貴民，雖有得乎立民爲天子之論，而一究其實，亦不過承認人民於傳賢傳子人選既定之後，有表示歸心與否之機會，非謂人民可以逕選賢可，更非謂人民於政長未立之初，能於萬衆之中愼選而推定一人爲天下之元后也。故曰民選之說爲歷史背景所不許也」(註一五)。甚爲中肯，足以推翻梁、陳二氏之說而有餘。

然則選立天子者究竟爲誰？蕭公權與陳啓天均謂是天(註一六)。當可符合墨子之本意。蓋第一、尙賢中篇謂三代聖王因能兼愛交利，並爲率天下萬民以尊天事鬼，「是故天鬼賞之，立爲天子」。天志上篇謂三代聖王能順天之意，上尊天、中事鬼神、下愛人，故天「使貴爲天子，富有天下」。均可明白見出選立天子者爲天。第二、墨子由天選立天子之說，雖或別有用意，可能係爲人民着想，而以天下萬民之公利託之於天，藉天之名義以制天子，並課天子以責任。然就墨子思想體系之本身言，選立天子者仍爲天，而非人民。其說實與晉師曠所謂：「天生民而立之君，使司牧之，勿使失性，……」(註一七)等語同調也。

(二)、**爲天子傳位之問題**：政治起源之時，由天選立天子，上已言之。然其時所選立者僅爲第一任天子，至於第二第三以至以後若干任天子均如何選立？此又是一難決之問題。吾人以爲第一、絕非世襲。蓋墨子書中絕無世襲之明文與暗示，且墨子主張尙賢，世襲之法行，則繼位之天子未必皆賢，或可極爲不肖，以不肖之人爲天子，墨子必堅決反對。第二、梁啓超以爲墨子主張由賢者爲天子，而在墨者團體中，最賢者爲鉅子，墨子雖未明言鉅子干政，然墨子爲一宗教家，其政治乃宗教主權之政治，其理想之天子當爲鉅子，如墨者得勢，必以鉅子爲天子，而鉅子承襲之法，大率半由前任指名，半由諸墨者公舉。天子傳位之法當亦如此。蔣伯潛亦有此看法(註一八)。誠然，苟墨者得勢，必以鉅子爲天子，當無問題。然第三、墨子於尙賢中篇與天志各篇，均言三代暴王桀、紂、幽、厲等，因詬天侮鬼，賊傲萬民，而天鬼罰之，使之身死。則是謂天可廢除天子。天既可將暴虐之天子廢除，其繼位之人，依理亦應由天選立。且其所謂天鬼立三代聖王堯、舜、禹、湯、文、武爲天子，亦是以之繼已廢之天子之位。由此觀之，天子之傳位亦由天決定也。第四、究其實情，墨子所主張之天子傳位之法，可能卽以墨者鉅子傳位之法爲底子，而以天意爲之解釋，將最後之權託之於天也。

(三)、天子之權威及其限制：前言關於政治起源主張契約說諸人，霍布斯主張予君主以絕對權威，人民不得反抗(註一九)。洛克主張限制君權，君主可被免職(註二〇)。盧梭主張主權在公衆團體，根本反對設立君主(註二一)。墨子雖以選立天子之目的在求天子萬民之公利，然仍主張予天子以相當大之權威；若暫將其求天下萬民公利之目的置而不論，僅就表面觀之，則其所予天子之權威，實與霍布斯所予君主之權威相似。蓋依墨子之主張，第一、天子居於最崇高之地位，且爲天下萬民之表率。故云：

「凡國之萬民，上同乎天子而不敢下比，天子之所是，必亦是之；天子之所非，必亦非之」(註二二)。

以天子之是非爲是非，卽是天下萬民之思想言行皆以天子之思想言行爲標準，由此既可見天子地位之崇高，亦可見天子爲天下萬民之表率也。

第二、天子有最高之發令與立法之權。尙同上篇云：

「正長已具，天子發政於天下之百姓，言曰：聞善不善皆以告其上，……」

天子對整個天下所發之命令，自是最高命令；又其時命令與法律不分，命令卽是法律，故發令權亦卽是立法權也。

第三、天子有最後賞罰之權。尙同上篇云：

「上同而不下比者，此上之所賞，……下比而不能上同者，此上之所罰。……」

此種賞罰雖可由各級政長行之，然天子之地位最高，各級政長又或由天子直接選立，或經天子授權由上級政長選立，故最後賞罰之權必在天子。

天子旣有崇高之地位，爲天下萬民之表率，又有最高發令與立法之權，以及最後賞罰之權，其權威之大，可以想見也。

孟德斯鳩（Montesquieu）云：「凡人有權，其不倒行逆施者亦鮮矣，且必盡其權之所能至者而爲之」(註二三)。墨子予天子以如此大之權威，苟天子濫用其權，則將如之何？爲此，墨子設定數項辦法，以防止天子權威之濫用。

其一、爲被立爲天子者必是賢者：賢者爲天子，雖難保絕對不會濫用其權，然終較不賢者爲可靠。此意當於下章詳述。

其二、爲設天以監督天子：天子若違背天意而濫用其權，天必罰之。爲天子者雖未必盡信天能賞罰，然亦必多少產生畏懼心理，而不敢放膽妄爲。此意當於下章詳述，本篇第六章第一節亦將論及。

其三、爲各級政長及人民對天子有諫諍之權：苟天子犯有過失，濫用其權，各級政長及人民可指出其錯誤，而建議其改正之。故云：

「上有過，則規諫之」(註二四)。

此所謂上卽上級，爲人民對政長及各下級政長對上級政長而言，天子當亦包括在內。人民及各下級政長可對上級政長提出諫諍，自亦可對天子提出諫諍也。諫諍雖無強制力，不能望其必生效果，然對賢如天子之人提出，苟所提正確，天子理當樂於接受。退一步言之，卽不肯接受，經多人多次提出，多少總可對天子發生某種程度之影響作用。

其四、爲人民對天子濫權之行爲，可消極抵抗，以表示抗議：墨子云：

「是故以賞不當賢，罰不當暴，其所賞者已無故矣(王引之云故乃攻字之誤，攻同功。)，其所罰者已無罪，是以百姓皆攸心解體(攸同悠悠忽也)，沮以爲善，垂其股肱之力(孫詒讓云垂當爲舍)，而不相勞來也，而不相分資也，而不相敎誨也」(註二五)。

卽謂苟天子任意賞罰，濫用其權，人民可消極抵抗，甚至可以公然表示不願歸順，以示抗議。此法較以上三法均爲有效，蓋人民消極抵抗，甚而不肯歸順，天子之位必將不保，其結果足可迫使天子改過。當然天子可能仍不肯改過，且以強大武力加以鎭壓，然如此必引起革命無疑。墨子雖未言人民可以革命，但若革命既起，墨子必將加以天罰之名而擁護之。於此，墨子之說又與霍布斯之說大不相同矣(註二六)。

以上防止天子濫用權威諸法，前三者均非絕對有效，然亦不能謂其全無效力，且萬一天子濫用權威，既不顧天意，不畏天罰，又不聽諫諍，尚可採取第四法以謀救濟也。

第二節　政治理想

政治應人類之需要而發生。然既發生之後，應朝何種方向以趨？並應達於何種境地？故吾人於討論墨子對政治起源之看法後，當繼而討論墨子之政治理想。墨子之政治理想，簡言之，為世界大同，因而有以為禮運大同篇原出於墨子者。故本節先商榷禮運大同篇之來源，再論述墨子之政治理想。

一、禮運大同篇之商榷：學者中，有人以為禮運大同篇出於墨子。苟此說正確，則禮運大同篇之理想，即是墨子之政治理想，吾人不必對墨子之政治理想再作探討也。然此說究竟是否正確，是不得不先作詳細之探究者也。

學者久信禮運大同篇原出於孔子，而代表儒家之政治理想。宋呂東萊則謂：

「蜡賓之嘆，自昔前輩共疑之，以為非孔子語，蓋不獨親其親，子其子，而以堯舜禹湯為小康，其真是老聃墨翟之論也」（註二七）。

呂氏謂禮運大同篇，「自昔前輩共疑之」，然其所謂前輩係指何人，不得確知。又呂氏只謂禮運大同篇「非孔子語」，而是「老聃墨翟之論」，却未言明究竟是老聃之論，抑是墨翟之論。

方授楚則明白宣示，禮運大同篇既非出於孔子，亦非出於老子，而是出於墨子。其證明之法：

一是先證明禮運大同篇非出於孔子：理由有二：

其一、以為大同說乃儒家之史觀，僅謂古代有此一境，而非其理想之所在。乃因孔子曰：「大道之行也，與三代之英，丘未之逮也，而有志焉。」而依鄭玄之注解：「志謂識古文」，孔穎達疏云：「志是記識之名」。

其二、以爲禮運大同篇之思想與儒家思想不合，論語季氏篇雖有「均無貧，和無寡，安無傾」諸語，禮運篇似可由之推衍，然依朱熹集註，季氏篇似有可疑，崔述洙泗考信錄中更確言季氏篇爲僞書。

二是證明禮運大同篇原出於墨子：其理由爲大同思想與墨家甚合。如天下爲公，選賢與能，則尚賢之義也。講信修睦，則非攻之說也。不獨親其親，不獨子其子，則兼愛之說也。老有所終，以至鰥寡孤獨廢疾者皆有所養，男有分，女有歸，則節用、節葬之效果，而七患辭過之理也。又墨子書中亦有與貨惡其棄於地也，不必藏於己；力惡其不出於身也，不必爲己，以及謀閉不興，盜竊亂賊而不作，外戶不閉等意義類似之語句。且大同之義雖與尚同不同，其名或與尚同有關也。

三是證明禮運大同篇非出於老子：其理由爲「據近人考證，老子之學實後於墨翟；然則道家理想之邦，至治之世，雖謂受墨家影響，亦無不可。」至以禮運原出道家者，乃因鄭氏注禮運曾引老子。殊不知鄭氏注禮運之時，黃老之學正盛，而墨學已亡，故僅習聞老子，而未注意墨子書也（註二八）。

此外陳啓天以爲：「禮運的大同思想，原出於墨子的兼愛思想」（註二九）。梁漱溟謂：「這篇東西其氣味太與孔家不對，殆無可辯，晚世所謂今文家者如康長素之流，其思想乃全在此。……他們根本不曾得到孔家意思，滿腹貪羨之私情，而與墨子西洋同其淺薄，所以全不留意孔子是怎樣大與釋迦、墨子、耶穌不同，而一例稱道，攪亂一團」(註三〇)。似亦以禮運大同篇爲出於墨子也。

然則禮運大同篇果非出於孔子而出於墨子耶？余以爲不然，理由如左：

其一、大同思想與儒家思想並無不合。終算季氏篇爲僞書，其中所載「均無貧，和無寡，安無傾」數句，不能作爲孔子語。然公冶長篇曰：「老者安之，朋友信之，少者懷之」，憲問篇曰：「修己以敬，……修己以安人，……修己以安百姓」，其中充滿大同思想，與禮運篇「不獨親其親，不獨子其子；使老有所終，壯有所用，幼有所長……」之精神完全相合。而此兩篇均在季氏篇之前，卽承認崔述論語「後之五篇多可疑」之說(註三一)，亦不能謂此兩篇有任何不可靠之處也。又儒家講仁政，又講恕道。孟子謂：「仁者愛人」(註三二)，仁政亦卽是愛人之政也。朱子曰：「推己之謂恕」(註三三)，恕道亦卽推己及人之道也。合仁政與恕道爲一氣，則必將仁政由一家推之一國，由一國而推至天下，仁政行於天下，卽是世界大同。故大同思想，可說卽是儒家仁政之推廣，大學「身修而后家齊，家齊而后國治，國治而后天下平」(註三四)，以及孟子「親親而仁民，仁民而愛物」(註三五)諸語，均顯示推己及人，將仁政推至天下之意。待仁政推至天下，卽是大道已行，其時自然「天下爲公，選賢與能，講信修睦，人不獨親其親，不獨子其子……」以至於「謀閉不興，盜竊亂賊而不作；故外戶而不閉。」至禮運大同篇後半段，以大道既隱後之情形歸之於禹、湯、文、武、周公，而稱之謂小康，乃因禹、湯、文、武、周公之治確未達於盡善盡美之境。不過處彼等之世，或洪水滔天，需要疏導，或暴君當道，需要革命，能平治天下，而有小康之成績，已足可欽敬矣。孔子尊崇之，或以之爲當前之榜樣，蓋處孔子之亂世，如能達於小康，誠屬難能而可貴，小康之治自可作爲一較近之目標而嚮往之也。而大同之治，乃一最高之理想，禹、湯、文、武、周公之治既未盡善盡美，不足以當之，且離現實太近，亦不宜作爲最高之理想。此種理想，孔子雖謂未之逮，而僅視爲古時有此一說，然由孔子述說之語氣中，可充分見出其嚮往之情，既嚮往之，自必以之爲自己之理想。故謂禮運大同篇出於儒家之孔子最爲自然而合理也。

其二、禮運大同篇誠多與墨子相同之處，然不能因有相同之處，即謂其必出於墨子。蓋天下一家之觀念爲吾中華國人所同有，吾國先哲譚政，多以天下爲範圍，少有囿於一國一邦者。大同思想可爲墨家所有，然禮運大同篇不必出於墨子。況其中思想尚有與墨子不同者哉？方授楚以爲「不獨親其親，不獨子其子」，即墨子兼愛之說。實則「不獨親其親，不獨子其子」，與墨子兼愛之說絕不相同。蓋墨子之兼愛是「愛無差等」(註三六)，對己親己子人親人子之愛，既無先後之分，亦無遠近之別。而「不獨親其親，不獨子其子」，則是謂不獨愛其一己之親，亦愛人之親；不獨愛其一己之子，亦愛人之子。是由己親推及人之親，由己子推及人之子。先後之分，遠近之別，均涵於其中，正是儒家推己之恕道，豈可謂其即是兼愛之義也哉？又方授楚以爲禮運篇之某數句即墨子書中某數句者，亦只是比附而已。雖二者精神一致，意義相通，然不能謂其完全相同甚至相等也。方授楚因禮運大同篇之思想與墨子思想頗多相同之處，而謂其出於墨子，實與尹桐陽因以爲墨子之「兼愛」與老子之「慈」相同，墨子之「節用節葬」與老子之「儉」相同，墨子之「非攻」與老子之「以道佐人主者，不以兵強天下」相同等，而謂墨子之學出於道家(註三七)，同其牽強附會也。

其三、墨子世界大同之理想或反出於禮運大同篇，熊十力云：「墨子生競爭之世，悼人相食之禍，而謀全人類之安寧，因承孔子春秋太平、禮運大同之旨而發揮之」(註三八)。極爲近理。蓋吾人於第一篇第一章第一節言及墨子曾受學於儒家，其雖對儒家學說多所反動，然亦必有深受影響甚或接受之處。其世界大同之理想，與禮運大同篇相同之處，可能卽是由儒家所接受者，而與禮運大同篇不同之處，卽是其自己所發揮者，然余不敢斷其必如此，僅以爲有此可能而已也。

總之，禮運大同篇仍應視爲出於儒家，雖其思想與墨子思想頗多相同之處，然不能卽謂其爲出於墨子，乃因其間仍有不同之處也。是故不能逕以禮運篇之理想，爲墨子之政治理想，欲確知墨子之政治理想，仍當於墨子書中深加探究也。

二、墨子之政治理想：禮運大同篇雖非出於墨子，然其理想與墨子之理想相似，故吾人仍可稱墨子之政治理想爲世界大同，兼愛、非攻、尙賢、尙同諸觀念，均可表現墨子世界大同之政治理想，然從另一方面觀之，兼愛、非攻、尙賢、尙同等，又爲實現世界大同之政治策略與方法。此諸觀念，於後各設專章專節論之，主要以之作爲實現世界大同之政治策略與方法，兼以表現其世界大同之政治理想。而此處則擬專就墨子書中尋求表現其政治理想之語句以整理申釋之。

依墨子之意，政治達於理想之時，其情形當如左：

其一、人人皆得適當之安排：所謂人人皆得適當之安排，是指各人於才能、興趣、機會、需要等各方面，均在社會中得恰到好處之安排。故云：

「使人各得其所長，天下事當；鈞分其職，天下事得；皆其所喜，天下事備；強弱有數，天下事具矣」（註三九）。

蘇時學以爲「此八句與前後文語意不倫，疑有錯簡」（註四〇）。吾人誠然難以逐句作確切之解釋，然仍可窺見其大意爲：機會均等，使人各盡所能，各展所長，各取所需，各得所適。一社會中，能夠機會均等，人人各得盡其所能，展其所長，取其所需，得其所適，自是一相當理想之社會。且墨子不獨欲人人皆得適當之安排，亦欲各國皆得適當之安排，上引「強弱有數」一句，即寓有此意也。

其二、人與人間皆相愛相助：相愛相助，本是墨子所謂「兼士」之行爲。所謂相愛相助，具體言之，即是：

「必爲其友之身，若爲其身；爲其友之親，若爲其親；……是故退睹其友，飢則食之，寒則衣之，疾病則侍養之，死喪葬埋之」（註四一）。

實則兼士之行爲不獨對其友之身及其友之親如此，對一切人亦皆如此也，墨子倡兼愛，自亦希望人人皆能有兼士之行爲，亦即人與人間均能相愛相助，此爲墨子之道德理想，亦爲墨子之政治理想。其書中宣示此意之處甚多，尚賢下篇云：

「有力者，疾以助人；有財者，勉以分人；有道者，助以教人。」

兼愛下篇云：

「是以聰耳明目，相與視聽乎；是以股肱畢強，相爲動宰乎（孫詒讓云宰當作舉）；而有道肆相教誨（肆力也勤也）。」

天志下篇云：

「欲人之有力相營，有道相教，有財相分也。」

凡此，均是一方面希望人與人間能相愛相助，一方面說明在理想社會之中，人與人間即是相愛相助也。且政治理想完全實現之時，非但人與人間相愛相助，即國與國之間亦皆相愛相助。故兼愛中篇云：

「視人之國，若視其國。」

兼愛下篇云：

「藉爲人之國，若爲其國。」

即一面述其願望，一面顯示政治理想實現後之情形也。

其三、人口衆多、經濟富足、社會安定而有秩序：墨子云：

「天下貧，則從事乎富之；人民寡，則從事乎衆之；衆而亂，則從事乎治之」（註四二）。

意謂理想之社會中，應是人口衆多。經濟富足、社會安定而有秩序。苟現實社會中並非如此，則當努力以求其如此，亦即懸此種情形以爲其政治目標也。

至於達於此種情形之途徑，則是欲求人口衆多，當反攻戰，倡早婚，反蓄私；欲求經濟富足，當厲行節約，努力生產，合理分配，此二者均將於本篇第四章詳爲論述。又欲求社會安定而有秩序，則當尚賢、尚同，反對攻戰而倡兼愛、貴義。此將於本篇第二、三、四、五各章詳爲論述。此處只談政治理想，關於達此理想之途徑不多作解說也。

苟人口衆多、經濟富足、社會安定而有秩序之目標已經達到，則天下之人必豐衣足食，無憂無懼，安樂幸福，卽是鰥寡孤獨之人，亦必皆得照應，而有所依靠。故云：

「必使飢者得食，寒者得衣，勞者得息，亂者得治」（註四三）。

又云：

「是以老而無妻子者，有所侍養，以終其壽；幼弱孤童之無父母者，有所放依，以長其身」（註四四）。

任何社會，能具有以上諸種情形，卽是一理想之社會。墨子非獨希望一國家或各國家如此，且希望整個天下如此，上引諸語中，卽有用「天下」字樣以明白表示其希望是以天下爲範圍者。又觀其尚同、兼愛之說，均係着眼於整個天下，而求「壹同天下之義」（註四五），「興天下之利，除天下之害」（註四六）。可見墨子欲超越國界，而將上述諸種情形行之於整個天下，使整個天下人口衆多，經濟富足，社會安定而有秩序，不獨人人皆得適當之安排，人與人間皆相愛相助，各國亦皆得適當之安排，國與國間亦皆相愛相助。整個天下達於此種境地，卽是大同之治。故吾人謂墨子之政治理想爲世界大同也。

觀墨子所述世界大同之理想，與儒家禮運大同篇所述者，實極爲相似，難怪有人以禮運大同篇爲出於墨家也。雖然，其間仍有不同之處，主要者爲儒家大同之世中仍承認親疏遠近之別，如「不獨親其親，不獨子其子」等語之所示是也。而墨子則主張「爲彼猶爲己」(註四七)，絕不承認親疏遠近之別也。至於有關大同理想之實現步驟，則儒墨之間更有極大之差異。蓋孔子雖懸大同之理想，然於大同之治與亂世之間，尚立一小康之世。以爲大同之理想不能即刻實現，立於亂世，欲求實現大同之治，其間須經過小康之階段，亦即須逐步求其實現，先求實現小康之治，再進而求實現大同之治。而墨子則於亂世與大同之治間，並未設一過渡階段，是立於亂世之上，逕求大同之治之實現，只嚮往大同之治，而不嚮往次於大同之目標(註四八)。二者一則較緩和，一則較激進，此或與孔墨二人之個性有關也(註四九)。

由儒墨之不同點觀之，儒家之政治理想似較墨家爲易實現，然單就政治理想之本身而言，墨家之理想似較儒家更崇高，墨家之心願似較儒家更偉大也。

第三節　結　語

依理而言，一政治思想家對政治起源之看法，應純是對客觀事實之認識；一政治思想家所懷抱之政治理想，應全爲其個人願望之表示。然事實上政治思想家對政治起源之看法，多含有其個人之願望；政治思想家所懷抱之政治理想，亦多受客觀事實之影響。而個人之願望，係在客觀事實之培養中形成。客觀事實對個人所能發生之影響，又因其願望而異。故各種政治起源與政治理想之學說，實由客觀事實與政治思想家之個體情況交織而成。但可惜者，其間並無必然之法則可循。

又依時間而言，政治起源應屬過去之問題，政治理想應屬將來之問題，而此過去問題與將來問題之連接點卽是政治思想家。因各政治思想家之個體情況不同，其所發生之連接作用亦不相同，卽對政治起源有同樣看法者，未必懷抱同樣之政治理想；同樣之政治理想，亦未必由對政治起源有同樣之看法而來。而形成政治思想家個體情況之因素又極爲複雜，有以往之傳統，當前之環境，先天之稟賦等。於此，又無必然之法則可循。

因而吾人討論墨子對政治起源之看法以及其所懷抱之政治理想時，只能分別論述，不敢斷言其間有何種必然之關係。將墨子之說與霍布斯、洛克、盧梭以及儒家作比較時，亦只能說明某處相似，某處相異，而不敢斷言其所以相似相異之確切原因也。

註一：Thomas Hobbes 著 Leviathan, Chapter XIII. P.64-65.

註二：John Locke 著 Two Treatises of Government, The Second Treatise of Civil Government, Chapter II P.122-123.

註三：Gettell's History of political Thought. Chapter XVI, P.253.

註四：尙同上篇。

註五：老子第十二章曰：「五色，令人目盲；五音，令人耳聾；五味，令人口爽；……」第十八章曰：「大道廢，有仁義；智慧出，有大僞；……」第十九章曰：「絕學，無憂；絕聖棄智，民利百倍；絕仁棄義，民復孝慈；絕巧棄利，盜賊無有。」第二十章曰：「我獨泊兮其未兆，如嬰兒之未孩。」第二十八章曰：「常德不離，復歸於嬰兒。」均表示其以自然狀態爲盡善盡美而崇尚之。

註六：Thomas Hobbes 著 Leviathan. Chapter XIV. P.67.

註七：John Lock 著 Two Treatises of Government, The Second. Treatise of Civil Government, Chapter IX. P.184-185.

註八：馬君武譯盧梭民約論(Social contract)第一書第六章，頁一三—一四。

註九：同註四。

註十：詳見下章第一節。

註十一：見梁啓超著子墨子學說第四章，頁三八；墨子學案第五章，頁二八；及先秦政治思想史第十二章，頁一二七。

註十二：陳顧遠墨子政治哲學第四章，頁四二。

註十三：陳啓天中國政治哲學概論第五章，頁一四六。

註十四：孫詒讓墨子閒詁尙同下篇「是故天下之欲同一天下之義也」句註，頁五六。

註十五：蕭公權中國政治思想史第一編第四章第三節，頁一三五—一三六。

註十六：蕭公權之說見其中國政治思想史第一編第四章第四節，頁一三八；陳啓天之說同註十三。

註十七：相台岳氏本及永懷堂本春秋經傳集解卷十五—左傳襄公十四年（台灣新興書局印古注十三經第三册—春秋左傳，頁二四〇）。

註十八：見梁著子墨子學說第四章，頁三九；蔣著諸子學纂要第五章—五，頁一四五。

註十九：Thomas Habbes 著 Leviathan, Chapter XVIII, P.90-95.

註 二 十：John Lock 著 Two Treatises of Government, The Second Treatise of Civil Government, Chapter XIX P.246–247.

註二十一：馬君武譯盧梭民約論 (Social contract) 第一書第七章，頁一六—一八。

註二十二：尙同中篇。

註二十三：嚴復譯孟德斯鳩法意 (The spirit of Law) 第十一卷第四章，頁三。

註二十四：同註四。

註二十五：尙賢下篇。

註二十六：霍布斯於 Leviathan 一書 Chapter XVIII 中謂君主有無上權威，人民須絕對服從。又謂君主非訂約之一造，故在君主方面不會發生破壞契約之事，且因此臣民無人可以任何藉口不做其臣民。其說與墨子以人民可以消極抵抗，以示抗議，甚而表示不願歸順之說大不相同。

註二十七：呂祖謙與朱侍講（元晦）書（金華叢書東萊集，卷三，頁三七）。

註二十八：方授楚之說均見其所著墨學源流一書中墨學餘論一。下卷頁一〇一—一〇四。

註二十九：陳啓天中國政治哲學概論第五章頁一四九。

註 三 十：梁漱溟東西文化及其哲學第四章頁一三六。

註三十一：見崔述著洙泗考信錄（崔東壁遺書第七冊內）卷四，遺型，頁二八。

註三十二：孟子離婁下篇。

註三十三：論語里仁篇：「夫子之道，忠恕而已矣」句朱子註語，台灣世界書局版頁二三。

註三十四：大學經文——八條目。

註三十五：孟子盡心上篇。
註三十六：參閱本篇第五章第一節。
註三十七：尹桐陽諸子論略卷二第二章第九節，頁一一一—一一二。
註三十八：熊十力著十力語要卷一，頁七二。
註三十九：雜守篇。
註四　十：蘇時學墨子刊誤卷二雜守篇，頁二〇。
註四十一：兼愛下篇。
註四十二：節用下篇。
註四十三：非命下篇。
註四十四：同註四十。
註四十五：尙同上、中篇語。
註四十六：兼愛中、下篇語。
註四十七：同註四十一。
註四十八：梁啓超墨子學案第二章，頁一一亦有此說。
註四十九：王昌祉於其所著諸子的我見一書，頁一四八—一四九謂：孔墨性格不同，孔子之性格爲溫和、中庸、謹愼，墨子之性格爲積極進取、情感激烈、意志剛強、不怕苦、不怕犧牲、大膽、冒險。余亦以爲孔墨之性格大致當係如此。

第二章　政治組織與賢人政治

前章既經說明墨子對政治起源之看法以及其所懷抱之政治理想，本章則當論述墨子所主張之政治組織與賢人政治。蓋爲適應政治需要以達成政治理想，必須有合理之政治組織；欲對政治組織善加運用，又必須任用賢能之人。墨子書中，大致尙同各篇談政治組織，尙賢各篇談賢人政治，因二者有不可分之關係，故合爲一章討論之。

第一節　政治組織

墨子所主張之政治組織，爲一由上至下，層層節制，由下至上，逐級服從之完整體系。茲就其要點論述如左：

一、**組織系統**：依尙同上篇與中篇觀之，墨子將政治區域劃分爲天下、國、鄉及里四級，而依尙同下篇觀之，則似分爲天下、國、鄉或家三級。蓋尙同下篇未言及里，於言選立各級政長時謂：

「是以選擇其次，立爲鄉長家君。」

家雖排於鄉之下，然就語氣推斷，家與鄉似處於平等地位，而屬於同級。於言各級政長執行其職務並逐級上同時，又謂：

「家既已治，國之道盡此已邪？則未也，國之爲家數也甚多。……」家之上即是國，家與國是兩相臨接之層級，並無其他層級介於其間。可見家與鄉同在國之下，處於平等地位，只能視爲一級，再加國與天下，共爲三級。

今假定鄉與家屬於同一級，再參酌尙同上篇與中篇所述，其下應爲里，尙同下篇未言及里，當是疏漏或省略。如此，其確定之區劃，即爲：

天下——國——{鄉、家}——里。

至於各級之政長，則是天下爲天子，國爲國君或諸侯，鄉爲鄉長，家爲家君，里爲里長。此外輔佐天子者，有三公；輔佐國君諸侯者，尙同中篇謂有左右將軍大夫，尙同下篇謂有卿之宰。以表示之如左：

天子（三公）——國君或諸侯{左右將軍大夫、卿之宰}——{鄉長、家君}——里長。

天子統治整個天下，有三公輔之；國君諸侯統治一國，有左右將軍大夫、卿之宰輔之；鄉長統治一鄉，家君統治一家，里長統治一里。凡此諸負統治責任之人，又總稱之曰政（或作正）長（註一）。此種組織系統，當係以周朝制度爲藍本，非爲墨子所獨創（註二），不過其間或有出入，未必盡同，茲不詳考。

二、各級政長之產生：天子之產生已於前章第一節述之。至於其他各級政長之產生，尚同各篇所載，略有出入，茲引述原文，加以推斷。尚同上篇云：

「天子立，以其力爲未足，又選擇天下之賢可者，置立之以爲三公。天子三公旣以（通已）立，以天下爲博大，遠國異土之民，是非利害之辯，不可一二而明知，故畫分萬國，立諸侯國君。諸侯國君旣已立，以其力爲未足，又選擇其國之賢可者，置立之以爲正長。」

尚同中篇云：

「天子旣以立矣，以爲唯其耳目之請（情也），不能獨一同天下之義，是故選擇天下贊閱賢良聖知辯慧之人，置以爲三公，與從事乎一同天下之義。天子三公旣已立矣，以爲天下博大，山林遠土之民，不可得而一也，是故靡分天下，設以爲萬諸侯國君，使從事乎一同其國之義。國君旣已立矣，又以爲唯其耳目之請，不能獨一同其國之義，是故選擇其國之賢者，置以爲左右將軍大夫，以遠至乎鄉里之長。」

尚同下篇云：

「天子以其知力，爲未足獨治天下，是以選擇其次，立爲三公；三公又以其知力，爲未足獨左右天子也，是以分國建諸侯；諸侯又以其知力，爲未足獨治四境之內也，是以選擇其次，立爲卿之宰；卿之宰又以其知力，爲未足獨左右其君也，是以選擇其次，立而爲鄉長家君。」

依以上所引觀之，三公由天子選立，三篇所載完全相同，當無問題。國君諸侯，據尚同上篇及中篇，似由天子與三公共同選立；據尚同下篇，則是由三公選立。其實情當是三公輔佐天子選立。國君諸侯以下之各級政長，據尚同上篇及中篇，似均由國君諸侯選立；據尚同下篇，則是國君諸侯選立卿之宰，卿之宰選立鄉長家君。其實情應是卿之宰或左右將軍大夫由國君諸侯選立。鄉長家君，由卿之宰或左右將軍大夫輔佐國君諸侯選立。綜合三篇所載言之，自當是各級政長均負責選立其下級政長，然除天子外，均須禀承其上級政長，或基於上級政長之授權，天子雖無上級政長可資禀承或得其授權，然依墨子之說觀之，當依承天意或得天之授權。換言之，即是天子依承天意或基於天之授權以選立三公，三公輔佐天子選立國君諸侯，國君諸侯禀承天子或基於天子之授權以選立卿之宰或左右將軍大夫，卿之宰或左右將軍大夫輔佐國君，諸侯選立鄉長家君以及里長。

墨子所主張之此種選立政長之辦法，亦當是受周朝制度影響而來，其詳明依據，此處不予考證，只求知其大意，明其精神可也。然尚有應討論者，爲家君之產生問題。尚同上、中兩篇均未言及家君如何產生，尚同下篇謂係由卿之宰輔佐國君諸侯選立之。家有家庭之家、大夫之家及家族之家。然而，無論何種家，均以血統關係形成，其一家之長當不便由選立而生。墨子此處以家君爲由卿之宰輔佐國君諸侯選立，是其所謂之家係一種純行政區域？抑主張由血統關係形成之家，其一家之長亦由上級政長選立乎？余不得而知也。

三、統治之方法：各級政長之選立既已述之於上，然則何爲而選立各級政長？墨子云：

「……立正長也，非高其爵，厚其祿，富貴游佚而錯之也游字依王引之意增，將以爲萬民興利除害，富貧衆寡（此句依孫詒讓意校改），安危治亂也」（註三）。

是謂選立政長之目的，非在爲被選立爲政長者少數人着想，以求此少數人得爵位利祿，以便安逸享樂，而在利用此少數人爲大衆服務，以興天下之利，除天下之害，使貧者富，寡者衆，危者安，亂者治也。爲達此目的，則須講求統治之方法。其方法爲何？尙同上篇云：

「天子發政於天下之百姓，言曰：聞善而不善，皆以告其上，上之所是，必皆是之，上之所非，必皆非之，……上（上亦作尙上與尙通）同而不下比者，此上之所賞，……下比不能上同者，此上之所罰。」

簡言之，其統治之方法，卽是上同。天子以此方法統治整個天下，各級政長亦均以此方法統治其所轄區域。所謂上同，乃求同於上級，是對上而言。各級政長於所轄區域之內求其區域本身之同，則謂之壹同（亦作一同）（註四），是對下而言。一方面欲達於上同，須先壹同，卽各級政長須先求其轄區本身之同，然後再率其轄區以求同於其上級，另方面欲求壹同，亦須依據上同，卽各級政長須依據其上級之所同，以同其所轄之區域。故明確言之，其統治之方法，卽各級政長藉賞罰之權，依上級意旨，以壹同其所轄之區域，並率其所轄區域上同於其上級；最初由天子發令，最後亦上同於天子，而由天子壹同整個天下。故曰：

「是故里長順天子政，而一同其里之義；里長既同其里之義，率其里之萬民，以尙同乎鄉長。……察鄉長之所以治鄉者，……唯以其能一同其鄉之義。……而鄉既已治矣，有（又也）率其萬民，以尙同乎國君。……察國君之所以治國，……唯以其能一同其國之義。……而國既已治矣，有率其國之萬民，以尙同乎天子。……天子之所以治天下者，……唯以其能一同天下之義。……」(註五)。

里長壹同一里之義，則一里治；各里長率其里上同於鄉長，鄉長壹同一鄉之義，則一鄉治；各鄉長率其鄉上同於國君諸侯，國君諸侯壹同一國之義，則一國治；各國君諸侯率其國上同於天子，天子壹同天下之義，則天下治。所謂壹同一里、一鄉、一國以至整個天下之義者，以現代語言之，卽統一一里、一鄉、一國以至整個天下之思想觀念及禮法習俗也。然而統一思想觀念及禮法習俗何以卽可達於平治？蓋因思想觀念及禮法習俗之統一有以下之裨益也。

其一、可使上下之情通：爲求思想觀念及禮法習俗之統一，天子發政於天下，國君諸侯發政於一國，鄉長發政於一鄉，里長發政於一里，如此，可使上情下達；里之百姓見善與不善，皆以告其國君諸侯，國之百姓見善與不善，皆以告天子，如此又可使下情上達。上情下達，下情上達，則上下之情爲通；上下之情爲通，則人民一方面可明瞭政長之命令，以便奉行，一方面又可知政長行事之疏漏不當之處，而提出諫諍建議，以便改進；政長一方面可明瞭人民之痛苦與需要，以便興革，一方面又可知人民思想言行之善惡，以便賞罰。故曰：

「上有隱事遺利，下得而利之；下有蓄怨積害，上得而除之。……」(註六)。

其二、可使賞罰必中：所謂賞罰必中，卽一方面使賞必當賢，罰必當暴；一方面又使賞必產生鼓勵之作用，罰必產生禁止之作用。爲求思想觀念及禮法習俗之統一，政長發政於百姓，百姓見善與不善，上告於政長，則誰人賢而行善，誰人暴而行惡，誰人當賞，誰人當罰，政長必知之甚詳，於是行賞行罰，必確切恰當，萬無一失，故尚同中篇云：

「是以賞當賢，罰當暴，不殺不辜，不失有罪。」

又思想觀念及禮法習俗若不統一，政長以爲賢者善者，人民以爲暴以爲惡，政長以爲暴者惡者，人民以爲賢以爲善；政長以爲當賞者，人民以爲當罰，政長以爲當罰者，人民以爲當賞；政長以爲榮者，人民以爲辱，政長以爲辱者，人民以爲榮。如此，則賞必不能產生鼓勵之作用，罰必不能產生禁止之作用。故尚同中篇又云：

「若苟上下不同義，上之所賞，則衆之所非，……則是雖得上之賞，未足以勸乎。……上之所罰，則衆之所譽，則是雖得上之罰，未足以沮乎。」

反之，若思想觀念及禮法習俗統一，政長與人民對賢暴、善惡、當賞當罰與榮辱等之看法一致，則賞自必產生鼓勵之作用，罰亦必產生禁止之作用也。

統一思想觀念及禮法習俗，既可使上下之情通，使人民明瞭政長之命令而奉行之，知政長之疏漏不當之處而諫諍建議以求改進之；使政長明瞭人民之痛苦與需要以便興革之，知人民思想言行之善惡以便賞罰之；又可使賞罰必中，使賞必當賢而產生鼓勵之作用，罰必當暴而產生禁止之作用。如此，行之於一里、一鄉、一國以至整個天下，均無不平治之理。故曰壹同一里之義，則一里治；壹同一鄉之義，則一鄉治；壹同一國之義，則一國治；壹同天下之義，則整個天下治矣。

阿志維里(Arthur Waley)以爲墨子主張任何人見人從事於國家有益之善行，必以告其上，如此將得賞，恰如其自身從事此種善行然；任何人見人從事於國家有害之惡行，若不告其上，則將得罰，恰如其自身從事此種惡行然，與法家連坐告奸之法同（註七）。余以爲阿志維里之說頗不中肯。蓋墨子主張聞善與不善皆以告其上，乃在求思想觀念及禮法習俗之逐層統一，以達於上同，而法家連坐告奸之法，乃在求人之相互監督，以避免破壞活動。二者之用意本不相同。阿志維里所以犯此錯誤者，當是對墨子思想未能深切瞭解所致也。

依墨子之主張，一里之人上同於里長，一鄉之人上同於鄉長，逐級上同，最後上同於天子。里長之見解作爲如有不當，有鄉長正之；鄉長之見解作爲如有不當，有國君諸侯正之。天子以下各級政長，皆有其上級，其見解作爲如有不當，皆有其上級正之，故其錯誤均有救濟之機會。而天子爲政長中之最高者，其上再無政長。天子雖爲天下最賢能之人（註八），然總是人，人不管如何賢能，總不能完全可靠而絕對永無過失，萬一天子之見解作爲有不當之處，則將如之何？此在墨子之理論體系中並無問題。蓋依墨子之意，世上雖無比天子更高之政長，然天子之上，尚有一超越之天，天下萬民除上同於天子外，且須上同於天。尚同中篇云：

「夫既尙同乎天子，而未尙同乎天者，則天菑將猶未止也。」

是故天子尙須率天下萬民以上同於天，體察天意，順天意以爲政，苟有錯誤，則有天正之。故曰：

「天下既已治，天子又總天下之義以尚同於天」（註九）。

苟天下萬民只上同於天子，而不上同於天，則天必顯示朕兆以示懲罰，即如尚同上篇所云：

「天子未得次已而爲政，有天政（正同）之」（註一〇）。

「若天飄風苦雨，溱溱而至者，此天之所以罰百姓之不上同於天者也。」

苟天子不能體察天意，不能順天意以爲政，而犯過失，天亦必顯示朕兆以示警誡。故曰：

「……天子有過，天能罰之；天子賞罰不當，聽獄不中，天下疾病禍祟（祟本作福，依王引之校改），霜露不時。……」（註一一）。

至於天意如何？人民尚同於天當如何？以及天子順天意以爲政當如何？則參閱本篇第六章第一節可知也。

墨子爲防止天子之見解作爲有不當之處，甚而流於淫佚暴虐，而抬出天以監督約束之。於理論體系上雖圓滿周到，然事實上却難如理想，甚或天不獨不能對天子生監督約束之效，恐反爲天子利用爲掩飾自身淫暴以欺壓人民之工具。蓋大體言之，關於天、鬼等迷信之說，愈聰明愈有知識之人愈不易相信，而愈愚昧愈無知識之人，則愈易相信，天下之人之聰明知識均較天子爲差（註一二），自然會對墨子所說之天信之、畏之；天子爲天下最聰明最有知識之人，對墨子所說之天頗不易信之，畏之，即信之，畏之，其信畏之程度亦難如一般人民所信所畏之深。如此，天子大可爲其一己着想，將一己之私見加以天意之名而宣示於人民，令人民奉行，而人民因信天畏天，亦不敢不行。如是苟遇天子之道德發生問題，而假藉天之名義以逞其私慾，謀其私利之時，則將成爲最專制最獨裁之暴君矣。不過苟天子對天稍有所信所畏，亦必有所顧慮，而不敢放膽妄爲也。

墨子主張行尚同之法，各級政長壹同其所轄區域，並率其所轄區域上同於其上級，如此逐級上同，以至上同於天子，天子壹同天下之義，天下一統，則列國紛爭、相互攻戰之事，卽可能因之而不會發生，故尚同亦是墨子爲救當時列國紛爭之局面所設之止攻良法也。誠然，若天下眞能達於一統，自不會有列國紛爭、相互攻戰之事。然而爲求天下一統，必實行尚同之法，要下級同於上級，列國同於天子。苟下級不同於上級，列國不同於天子，則必想法使其同，而可想之法，若非勸說，卽是強制。上級對下級，天子對列國使用勸說之法，其可能發生之反應有二，一是順從，二是置之不理。下級順從上級，列國順從天子，固可求得上同而達於天下一統，但若置之不理，則上同不得，天下一統亦不能達成。此時，上級或天子，若非放棄上同之要求，卽須採取強制或制裁，而強制或制裁又可能引起二種效果，一是順從，二是反抗。蓋人均有自己之見解與作爲，且常以自己之見解與作爲較別人爲正確，雖有時可能放棄自己之見解與作爲以順從他人，然有時却要堅持其自己之見解與作爲，以爲絕對正確，不能改變，苟他人必強其改變，自會引起反抗，此種情形演化至極嚴重之程度，亦可能導致紛爭與相互攻戰。再者若下級均順從上級，同於上級，列國均順從天子，同於天子，尚同以至天下一統之目的固可達到，然而約翰密勒 (J.S. Mill) 於自由論(On Liberty)一書中所述自由討論之好處，必完全失掉。且天下之人均成爲同一定型，個性發展之裨益亦無由獲得。如此，社會必停頓死寂，毫無生氣，亦將永無進步之可言也。

蕭公權謂：「然則墨子尙同之理想，實與孔子『禮樂征伐自天子出』，均爲封建天下政治背景之反映，非含有根本不同之創見也」（註一三）。甚是。然若以爲墨子之所以求天下一統，乃志在恢復周室，則非也。蓋墨子書中雖屢言周朝之聖王，然係與三代諸聖王並舉，吾人遍尋其書中，未見有如孔子般竭力推崇周室之意。且墨子對儒家「述而不作」之態度力加反對（註一四），亦可見其必不以恢復周室爲志。其尙同之主張雖以周室封建制度爲背景而無創見，然其目的仍在宣示其自己之理想，而未嘗存心恢復周室也。

第二節　賢人政治

墨子賢人政治之主張，一面爲現實政治所激發，一面又爲其政治組織理論之引申。尙賢中篇云：「今王公大人，有一衣裳不能制也，必藉良工；有一牛羊不能殺也，必藉良宰。故當若之二物者，王公大人皆知以尙賢使能爲政也。逮至其國家之亂，社稷之危，則不知尙賢使能以治之。親戚則使之，無故富貴，面目佼好則使之。夫親戚則使之，無故富貴，面目佼好則使之，豈必智且慧哉！若使之治國家，則此使不智慧者治國家也，國家之亂，既可得而知已。」王公大人之親戚自是貴族，無故富貴，面目佼好而爲王公大人所喜者，則是私人。「親戚則使之」，是爲貴族政治；「無故富貴、面目佼好者則使之」，是爲私人政治。此段一則說明當時貴族政治與私人政治普遍流行，一則說明墨子對貴族政治與私人政治竭力反對，而主張任用賢能之人，此其賢人政治之主張爲現實政治所激發之一面。

尙同上、中兩篇談及各級政長之選立，均謂選擇賢人，此於第一節談各級政長之產生時所引原文中可以見之。又論各級政長時，均謂是各區域之仁人，如尙同上篇云：

「是故里長者，里之仁人也。……鄉長者，鄉之仁人也。……國君者，國之仁人也。……」

尙同中篇云：

「天子者，固天下之仁人也。」

乃因各級政長旣爲各區域之表率，又掌有壹同各區域之權，若非賢人或仁人，自不足當之，甚而將流於暴虐，此又其賢人政治之主張爲其政治組織理論之引申之一面。

然則何謂賢人？賢人卽墨子所謂之「賢可者」，「仁人」，「賢良聖知辯慧之人」或「賢者」(註一五)。賢人之所以爲賢，在於其：「厚乎德行，辯乎言談，博乎道術，……」(註一六)。觀尙同上、中兩篇要人民學各級政長之「善言」「善行」，尙賢上篇所言「列德尙賢」，「有能則舉之」，「以德就列」，尙賢中篇所言「尙賢使能」等，均可見出賢人應具備德行、言談，道術等條件。又所謂具備德行、言談、道術等條件，依墨子全部思想觀之，當是能敬事天、鬼，有兼愛、貴義、節約、非攻等思想言論，且能自身實踐而宣傳推廣之者。此種人爲政，必誠懇勤勉，公正廉明。對公務而言，可富足人民，安定社會，敦睦鄰邦。故云：

「賢者之治國也，蚤朝晏退，聽獄治政，是以國家治而刑法正。……收斂關市山林澤梁之利，以實官府，是以官府實而財不散，……耕稼樹藝聚菽粟，是以菽粟多而民足乎食，……官府實則萬民富。上有以絜為酒醴粢盛，以祭祀天鬼；外有以為皮幣與四鄰諸侯交接，內有以食飢息勞，持（本作將，依俞樾校改。）養其萬民」(註一七)。

對王公大人私人而言，可為王公大人效忠盡瘁，承擔怨謗，爭取美名。故尚賢中篇云：

「賢人唯毋得明君而事之，竭四肢之力，以任君之事，終身不倦。若有美善，則歸之上；是以美善在上，而所怨謗在下，寧樂在君，憂戚在臣。……」

賢人為政之情形如此，自當實行賢人政治，若不實行賢人政治，則政治必為不肖之徒所把持，而由不肖之徒為政，其情形自必與此相反。

至於如何實行賢人政治，墨子以為其法有三：

其一、為「眾賢」：所謂眾賢，即設法增加賢人，使賢人眾多。其法為厚待賢者。所謂厚待賢者，即凡是賢人，不論其出身如何，於物質與精神上，均予以優厚之待遇，不肖之人，絕不能單因其身份而得財富勢位。故曰：

「……將在於眾賢而已。然則眾賢之術將奈何哉？……有賢良之士，亦必且富之、貴之、敬之、譽之。……不義不富，不義不貴，不義不親，不義不近」(註一八)。

如此人們知為賢可得優厚之待遇，自均樂於為賢。且出身高貴者，知出身之不足為依靠，唯賢始可得優厚之待遇，故必勉力爲賢；出身微賤者，知出身之不足爲限制，若賢必可得優厚之待遇，亦必勉力爲賢。人們皆勉力爲賢，則賢人自必因之而衆多矣。

其二、爲「進賢」：所謂進賢，即舉用賢人爲政。舉用賢人，自亦須不論身份，凡賢者，雖出身微賤，亦必舉用；不肖者，雖出身高貴，亦不舉用。故曰：

「賢者舉而上之，……以爲官長；不肖者抑而廢之，以爲徒役。……此謂進賢」(註一九)。

如此，使賢者在上，不肖者在下，以賢者統治不肖者，以不肖者受賢者之統治，始可達於平治。苟賢者與不肖者易位，上下顚倒，則治一國一國必亂，治天下天下必亂矣。故尙同中篇云：

「自貴且智者爲政乎愚且亂者，則治；自愚且賤者爲政乎貴且智者，則亂。」(案此節所謂貴賤，非指出身而言，當是指賢者因舉用而貴，不肖者因抑廢而賤。)

然舉用賢人爲政，若不予以崇高之地位，豐厚之俸祿，與充分之職權，則必無由發揮其才能，以收統治之效果。乃因如尙同中篇所云：

「爵位不高，則民不敬也；蓄祿不厚，則民不信也；政令不斷，則民不畏也。」

故當如該篇所云：

「高予之爵，重予之祿，任之以事，斷之以令。」

賢人爲政，有崇高之地位，豐厚之俸祿，充分之職權，自可發揮其才能，而收統治之效果。可知地位、俸祿、職權之設，非爲對賢者之一種恩賜，乃在求便於發揮其才能，而爲萬民服務，爲天下興利除害也。故該篇又云：

「夫豈爲其臣賜哉？欲其事之成也。」

其三、爲「事能」：所謂事能，即因材任使也。蓋賢人既經舉用之後，須視所長及才能之大小，分別予以適當之職位。故尚賢中篇云：

「聽其言，迹其行，察其所能而愼予官，此謂事能。故可使治國者使治國，可使長官者使長官，可使治邑者使治邑。」

唯如此，始可用其所長，舍其所短；亦唯如此，始不至於大材小用，或小材大用。苟賢者之所長及才能之大小均能與其職位恰相適合，不獨不會有浪費人才，荒廢政事之弊，且可提高工作興趣，增進工作效率，順利達成設官治事之目的也。

觀以上墨子所訂實行賢人政治之法，與其後我國歷代人事制度，原則上極爲相似。其所謂衆賢，有似於歷代之人材培養；其所謂進賢，有似於歷代之選舉制度；其所謂事能，有似於歷代之任官制度。又尚賢上篇云：

「……以勞殿賞（殿者定也），量功而分祿。」

則又有似於歷代之考課賞罰之法也。

墨子提倡賢人政治，不獨在勸王公大人行衆賢、進賢、使能之法，亦在勸當時之王公大人自身努力爲賢。蓋必王公大人自身努力爲賢，始肯從事於衆賢、進賢、事能，苟王公大人自身且不能爲賢，如何能望其從事於衆賢、進賢、事能？由此觀之，王公大人自身之爲賢，實爲實行賢人政治之一大關鍵也。然若王公大人不肯爲賢，墨子並未主張人民起而革命，將王公大人推翻，除前章第一節所言主張人民可表示抗議外，則是使出其慣用之法寶——天，欲藉天之力量以督責王公大人爲賢。故對王公大人宣示曰：

「雖天亦不辯貧富貴賤遠近親疏，賢者舉而上之，不肖者抑而廢之」(註二〇)。

並舉三代聖王堯、舜、禹、湯、文、武等因爲賢而受天舉天賞，三代暴王桀、紂、幽、厲等因不賢而受天廢天罰爲例以警告當時之王公大人，使其不敢不努力爲賢。

以天督責王公大人爲賢，自可收某種程度之效果。蓋人無論如何聰明，如何富有知識，總有時有幾分迷信，對之再三講述天之賞賢罰暴等事，雖理智上不肯相信，然情感上却總難免受幾分影響。尤其曾經爲惡行暴之人，聞見天之賞賢罰暴之語，總會多少產生畏懼之心情，然此種督責之效果終有其限度。蓋所謂對賢者與不肖者之天賞天罰，極少有當時兌現者，關於此類故事，言之者雖多，然均係傳聞之辭，而無人確曾親自目睹也。賞罰不必，則人必有僥倖之心，人們於現實上所見之賢人，未必即得天賞，所見之不肖之人，亦未必即得天罰，欲以天之舉廢賞罰督責王公大人爲賢，即有效果，其效果亦難如理想也。

墨子主張賢人政治，儒家亦主張賢人政治。孔子曰：「爲政以德，譬如北辰，居其所，而衆星拱之」(註二一)。「政者正也，子帥以正，孰敢不正」(註二二)？是主張君主自身當爲賢行善也。又曰：

「臧文仲其竊位者與！知柳下惠之賢而不與立也」(註二三)。並引周書武成篇曰：「周有大賚，善人是富。」引周書泰誓篇曰：「雖有周親，不如仁人」(註二四)。是又主張舉賢用賢以爲政也。孟子曰：「焉有仁人在位，罔民而可爲也」(註二五)？又曰：「見賢焉，然後用之」(註二六)。「尊賢使能，俊傑在位」(註二七)。亦是主張君主自身爲賢行善，並舉賢用賢以爲政也。荀子賢人政治之主張，較孔孟更爲明確而積極，其言曰：「……賢能不待次而舉，罷不能不待須而廢，……雖王公大夫之子孫，不能屬於禮義，則歸之庶人；雖庶人之子孫，積文學，正身行，能屬於禮義，則歸之卿士大夫」(註二八)。與墨子「官無常貴，民無終賤」(註二九)之說，直似出於同口，宜乎太虛法師之謂：「諸家唯儒之與墨最爲鄰近」(註三〇)也。

儒墨主張任用賢人之目的，雖均在求達於天下之平治，然其間稍有不同者，卽儒家較重視賢人之德化作用，而墨子則較重視賢人之服務成績，此由以上所引墨子與孔子諸語略可窺見其趨向也。

至於法家之態度，則與儒墨兩家完全不同。蓋法家以爲爲政只要有權力並依法行事，任何人均可有良好之成績，官吏之賢與不肖，並無關乎政治之成敗，故選擇官吏之時不須求其必賢，但求其能守法可也。韓非子曰：「夫治法之至明者，任數不任人」(註三一)，又曰：「抱法處世則治，背法去勢則亂，今廢勢背法而待堯舜，堯舜至乃治，是千世亂而一治也。……」(註三二)。意卽如此也。

道家亦不主張尚賢，老子曰：「不尚賢，使民不爭」(註三三)，其反對尚賢之意更爲明白。然道家與法家反對尚賢之理由不同，法家因主張「任法不任人」而反對尚賢，道家則因主張反樸歸眞，純任自然而反對尙賢也。

任用賢人爲政，其效果雖未必盡如墨子之所言，然大體而論，提倡賢人政治終屬應當。法家主張「任法」固無錯誤，然主張「不任人」，則難免有偏失之弊。卽今日極端注重法治諸國，於其人事制度中，亦莫不重視官吏之品德與才能也。

第三節　結　語

總括言之，墨子關於政治組織之主張，與其賢人政治之主張密切相關。蓋一方面賢人須在位有權，始可施展其抱負，發揮其才德，以爲人民服務，爲天下興利除害。一方面在位有權者須是賢人，權位始不至於被濫用，而成爲作惡行暴，以欺壓人民之工具。前曾言及墨子書中，尙同各篇多談政治組織，尙賢各篇多談賢人政治，則以墨子之詞語言之，卽是尙同始可顯尙賢之用，尙賢始可免尙同之弊，故須尙同與尙賢並行。柏拉圖（Plato）哲君治國之說與此相似，亦有尙同尙賢之意。柏氏主張以哲君治國，哲君必生而富有理性，且自幼接受良好之教育，故是一最有才德之人。此種人柏氏稱之爲金質之人，另外尙有銀質之人作爲輔佐者，有銅鐵質之人從事農工。三種人各從事於適合其自身之工作，雖是分工，然由哲君統之，後兩種人須服從哲君，不得違背，恰如人類靈魂中情感（Passion）與欲望（Desire）二元素之服從理性（Resson）然，故哲君亦是最有權力之人（註三四）。以最有才德之哲人爲君，卽是尙賢；哲君最有權力，輔佐者與農工均須服從之，卽是尙同。故吾人可謂柏拉圖亦主張尙同尙賢，不過柏氏書中談哲君之才德條件處多，談哲君之統治權力處少，亦卽談尚賢處多，談尚同處少，雖然，其尚同之精神仍隨處可以窺見，細讀其書，當知吾人之論斷不誤矣。

吾人於第一節中曾經言及，無論如何賢能之人，總難保絕對永無過失，由此觀之，尚賢似不足以救尚同之弊。然大體而論，賢能之人犯過失之機會總較不賢能之人爲少，賢能之人在位有權，總較不賢能之人爲可靠，尚賢雖不足以保尚同絕對無弊，却可將尚同之弊大爲減少。故墨子倡尚同又倡尚賢，就理論上言，實極爲周到而健全也。

梁啓超與蔣伯潛等以爲墨子倡尚同，又倡尚賢，因而將不贊成近世之「議會多數政治」及「全民政治」（註三五）。是誠然也。蓋旣主張尚同，必反對意見之紛歧；雖尚同係由下級逐層壹同而達，然並非由於衆人意見之集中協調，與今日之民主集權絕不相同。乃因各級從事壹同之時，須以上級政長之意見爲依據，以求同於上級政長，並以天子之意見爲最後之依據，以求同於天子，其法與討論集議等正相反對。又旣主張尚賢，自反對常人爲政，雖常人中之賢能者可被舉爲政長，然終是「貴且智者爲政乎愚且賤者」，治者與被治者間之分界仍甚分明，乃因「愚且賤者爲政乎貴且智者，則亂」也，如此，自不當全民參政。然謂墨子有意提倡專制獨裁，則又不然。蓋墨子所求者爲全民之公利，尚同雖全民皆服從天子之意見，然依墨子之意，天子之意見必與全民之公利相符；尚賢雖以貴且智者統治全民，然依墨子之意，貴且智者之爲政，必以全民之公利爲目標。故其倡尚同與尚賢，只是以之作爲謀求全民公利之方法而已，非爲提倡專制獨裁也。

註一：參閱尙同各篇。

註二：陳啓天中國政治哲學概論，頁一四六。

註三：尙同中篇。

註四：參閱尙同上篇可知。

註五：見尙同中篇。

註六：同上。

註七：見 Arthur Waley 著 Three Ways of thought in Ancient China。頁二〇一（臺灣經文書局翻印本）。

註八：尙同上、中兩篇均謂天子「天下之仁人也」，故天子爲天下最有道德之人。

註九：尙同下篇。

註十：天志上篇。

註十一：天志下篇。

註十二：此乃依墨子之理論而言，事實上當未必如此。

註十三：蕭公權中國政治思想史第一編第四章第三節，頁一三五。

註十四：參閱本書第一篇第四章第五節。

註十五：尙同上篇談各級政長之產生，均謂選立「賢可者」，又稱各級政長爲各區域之「仁人」，尙同中篇談及各級政長之產生，或謂選立「賢良聖知辯慧之人」，或謂選立「賢者」，對於各級政長亦稱之爲各區域之「仁人」。

註十六：尚賢上篇。
註十七：尚賢中篇。
註十八：同上。
註十九：同上。
註二十：同上。
註二十一：論語為政篇。
註二十二：論語顏淵篇。
註二十三：論語衛靈公篇。
註二十四：論語堯曰篇。
註二十五：孟子梁惠王上篇。
註二十六：同上。
註二十七：孟子公孫丑上篇。
註二十八：荀子王制篇。
註二十九：尚賢上篇。
註三十：見太虛法師與陳誦洛論墨子一文，載於太虛大師全書頁四五一。
註三十一：韓非子制分篇。
註三十二：韓非子難勢篇。
註三十三：老子道德經第三章。

註三十四：參閱 Platos The Republic (Translated into English by B. Jowett, M. A. 臺灣翻印本) Book IIV. P.125–128, Book IV. P.128–160.

註三十五：梁啓超墨子學案第五章，頁三〇；蔣伯潛諸子學纂要第五章，頁一四五。

第三章　國際關係（和平主義）

當墨子之世，天下分爲若干國。雖其時之所謂天下，僅以中國爲範圍，非如今日之指整個世界而言，然人們觀念中，除中國外，不知尙有其他大陸大洋之存在，以中國爲天下，其意義實與今日以整個世界爲天下者相同；雖其時之列國本爲周天子所封之諸侯，而與今日獨立自主之國不同，然已不受周天子之節制，完全脫離周室而獨立，且國與國之間，已有相互訂約聯盟等活動，與今日獨立自主之國家極爲相似；雖墨子最終主張天下一統，不承認國之獨立地位（註一），然其書中仍多討論國與國間之問題之處，是故吾人可以現代習用之國際關係一詞稱謂當時天下列國間之情形而論述墨子之主張。當時國與國間最重大之事爲相互攻戰，其攻戰之頻仍，由以「戰國」一名其時代可知也。墨子熱心救世，生當其時，鑑於列國相攻之禍，戰爭頻仍之患，自必力反攻戰，而高唱和平主義。

墨子反攻戰，唱和平之主張，乃根於其救世之熱心，而爲時代環境所激發，其時反攻戰，唱和平者甚衆，然各家所說不同。以下茲分爲攻戰根源之探討，非攻之基本理由，及國際間之正常關係等，以論述墨子之說。

第一節　攻戰根源之探討

墨子生於列國激烈攻戰之時代中，爲求消除攻戰，圖謀和平，自必先探尋攻戰根源之所在，亦即瞭解攻戰因何而起也。依墨子之見解，攻戰之根源，亦卽攻戰所以發生之根本原因有二：

其一、爲不相愛：墨子以爲不相愛爲攻戰之根本原因，一切攻伐戰亂，皆起於人之不相愛。故曰：

「亂何自起？起不相愛。……雖至大夫之相亂家，諸侯之相攻國者，亦然」（註二）。

又曰：

「是故諸侯不相愛，則必野戰；家主不相愛；則必相簒。……」（註三）。

不相愛不獨爲攻戰之根本原因，實爲一切禍亂之源，此意當於本篇第五章第一節談兼愛時詳爲論述之。

其二、爲好名利：非攻中篇於詳述攻戰之弊害後，繼曰：

「然而何爲爲之？曰：我貪伐勝之名，及得之利，故爲之。」

是謂若干攻戰，卽由主使者之好名好利而發動也。墨子云：

「今是大國之君寬（囂）然曰：吾處大國不攻小國，吾何以爲大哉？是以差論爪牙之士，比列其舟車之卒伍，以攻伐無罪之國。……則夫好攻之君不知此爲不仁義，以告四鄰諸侯曰：吾攻國覆軍，殺將若干人矣。其鄰國之君亦不知此爲不仁義也，又具其皮幣，發其徒遽（依孫詒讓校改），使人饗賀焉。則夫好攻之君又重不知此爲不仁義也，又書之竹帛，藏之府庫。……」（註四）。

卽謂好名爲發動攻戰之根本原因也。蓋世人常以好戰者爲勇敢，以戰勝者爲英雄；攻人之國者，雖無端殺人，搶刼擄掠，世人不以其爲不仁不義而斥責詆毀之，反稱讚之曰：勇敢！勇敢！英雄！英雄！此直是鼓勵攻戰也。好攻戰之人受此鼓勵，遂以攻戰爲光榮之事，爲求揚聲名，垂後世，自必從事於攻戰也。墨子又云：

「飾攻戰者言曰：南則荊吳之王，北則齊晉之君，始封於天下之時，其土城之方，未至有數百里也，人徒之衆，未至有數十萬人也。以攻戰之故，土地之博，至有數千里也；人徒之衆，至有數百萬人也。故當攻戰而不可非也」（註五）。

又謂好利爲發動攻戰之根本原因也。飾攻戰者，以爲攻戰可擴張領土，增加人口，是最有利之事，故主張之，擁護之。當然彼等之所謂利，乃一、二國甚或一、二君主之私利，而非整個天下之公利，依墨子所主張之公利爲標準計之，攻戰自無利可言，而依彼等所求之私利計之，攻戰亦偶或有利可圖也。

墨子以不相愛與好名利爲攻戰之起因，對攻戰根源之探討，可謂已相當深入。蓋不相愛則只顧己而不顧人，故可以爲己而損人；好名利則必有所貪求，苟貪求而不擇手段，或我所貪求者，人亦貪求，我阻人之貪求，人亦阻我之貪求，其結果必至於爭。本不相愛，又至相爭，焉能不相互攻戰也哉？然墨子之說仍未達於至完滿至深刻之地步，蓋其對攻戰之根源，猶有尚未窺見者也。依現代心理學家之研究，人皆生而有攻擊之動機或本能（Motive of Agression, or instinct of agression）（註六），換言之，卽人皆有好戰之天性，其攻戰，雖大多由於不相愛與好名利，然有時却只因樂於攻戰而攻戰，除攻戰本身外，並無所求，並無所爲。當然任何一次攻戰，必多少有所求有所爲，然其中亦常有只因樂於攻戰而攻戰之成分，若吾人能有機會仔細分析亞力山大(Alexandra)、拿破崙(Napoleon Bonaparte)及希特勒(Adolf Hitler)等攻戰之原因，當不難發現其中有此種成分。羅素(Bertrand Russell)亦謂人生而有好鬪爭之衝動，並引述魯萊博士(Dr. R. Lowrie)問一美洲印第安人願生活於當今之安全社會中，抑願生活於從前之危險狀態中，其回答爲寧願生活於危險狀態中(註七)。此均足以說明攻戰有一極深之根源，卽人有時只因樂於攻戰而攻戰，其他別無所求，別無所爲。而墨子則未嘗探究至此。不過吾人此處所述，並非持苛求態度，憑現代知識以厚非先賢，乃在說明除墨子所舉之不相愛與好名利外，攻戰尙有其他之根源也。

第二節　非攻之基本理由

墨子之所以奔走呼號，力反攻戰，高唱和平者，其基本理由在以攻戰爲有害而無利，與其所倡之實利主義，以及「興天下之利，除天下之害」(註八)之主張，根本不相容也，然則攻戰之害爲何？

其一、爲勞民廢事：若攻戰係由雙方之王公大人相對比武，以決勝負，當不致與整個之民生國運有多大關係，則亦不必非矣。然事實上並非如此，爲攻戰，必興師動衆，大事征調，參加之官民，動輒數萬；又除作戰部隊外，尙須附隨若干備糧餉、供軍需之人，其數目或與作戰部隊相當，甚者倍之；且攻戰恒須拖延若干歲月。此諸參與之人，自必因參加攻戰而脫離其崗位，荒廢其事業。故云：

「若使中興師，君子、庶人也，必且數千，徒倍十萬，然後足以師而動矣。久者數歲，速者數月，是上不暇聽治，士不暇治其官府，農夫不暇稼穡，婦人不暇紡績織紝」（註九）。

攻人者須興師動衆以攻，被攻者又須興師動衆以守，是攻者與被攻者均須勞民廢事也。

其二、爲傷財：戰爭乃雙方力量之對比，所謂力量，除人力外，尚包括財力，故爲攻戰，除興師動衆，征調官民之外，尚須征可財物，以供軍需。墨子云：

「今嘗計軍上，竹箭羽旄幄幕，甲盾撥劫（劫疑當作𠠇。），往而靡弊腑冷（戰國策秦策高注云弊，壞也。畢沅云腑即腐，冷爲爛之誤。），不可勝數；又與矛戟戈劍乘車，不可勝數；與其牛馬，肥而往，瘠而反，往死亡而不反者，不可勝數。……」（註一〇）。

又云：

「入其國家邊境，芟刈其禾稼，斬其樹木，墮其城郭，以湮其溝池，殺其牲牷，燔其祖廟。……」（註一一）。

攻戰之時，攻者必需用大量之攻擊武器，大量之交通工具，以及大量之糧食帳幕與其他裝備。此諸裝備，於攻戰中，有消耗者，有丟失者，有損壞者，其化費之大，往往不計其數。而凡此又皆取之於民，其影響於人民之生活者將莫大焉。守者除與攻者同樣需用各種裝備，而有消耗、丟失、損壞等鉅大化費之外，苟被攻入，又必遭燒殺搶刼，踐踏塗炭，其財力自將受更大之損失。

其三、爲死人：攻戰自必死人，乃毫無疑問者。雙方交戰之時，遠則弓箭相射，近則刀劍相拚，將士因之而死者自不計其數。此外足以使人喪亡者，尚有多種情形：

一是攻戰之時，衣食之供應，時有不繼，且因攻戰而勞民廢事，損毀財物，故往往有饑寒之災因之而死者必不在少數，誠如非攻中篇所云：

「則百姓飢寒凍餒而死者，不可勝數。」

二是攻戰之時，衣食既不得飽暖，居處又不安定，且常終日奔跑，數夜不眠，過度疲勞而不得稍息。復加調遣流動，於氣候或有不適，於水土或有不服，如此自易患染疾病，而致死亡。故墨子於非攻中篇謂：

「與其居處之不安，食飯之不時，飢飽之不節，百姓之道疾病而死者，不可勝數，喪師多不可勝數。……」

三是攻戰之時，苟一方攻入他方國境之內，必大事屠殺，即非攻下篇所云：

「勁殺其萬民，覆（滅也）其老弱。」

如此，又必有若干無辜之人遭殃而死。

四是如非攻下篇所載，攻戰之時，軍法恒規定曰：

「死命爲上，多殺次之，身傷者爲下，又況失列北襓（畢本作橈）乎哉？罪死無赦。」

因而攻戰中士卒落伍或敗逃者，必被處以死刑，如此，又將有若干人死亡矣。

其四、爲亡國：攻戰有勞民廢事、傷財、死人諸弊害，已如上述，其最大之弊害則是亡國。非攻中篇云：

「尙（畢沅云同上。）者以耳之所聞，近者以目之所見，以攻戰亡者，不可勝數。……計莒之所以亡於齊越之間者，以是攻戰也；雖南者陳蔡，其所以亡於吳越之間者，亦以攻戰；雖北者中山諸國（本作且不著何，此處係據畢沅本與王闓運本），其所以亡於燕代胡貊之間者，亦以攻戰也。」

攻戰過久，致勞民廢事、傷財、死人等弊害至於其極，終必使國家滅亡，如莒、陳、蔡及中山諸國等，皆是由攻戰而致於滅亡之顯例也。

由上所述觀之，攻戰實百害而無一利，攻者雖可恃其強大兵力，攻克取勝，獲得戰利品，然其本身，必因攻戰而耗費財力，死傷人衆，其所損失者，恒較其所獲得者爲多，兩相權衡，終不合算。故墨子言曰：

「計其所自勝，無所可用也；計其所得，反不如所喪者之多」（註一二）。

戰勝者得不償失，戰敗者除攻戰中耗費財力，死傷人衆外，復受戰勝者之燒殺塗炭，踐踏掠奪，其損失之大，自更無論矣。

墨子以攻戰不利而反對之，太虛法師以爲攻戰誠然當非，然墨子所以非之之說則未完密，蓋設可以證明攻戰有利，是否即當贊成攻戰（註一三）？此乃不知墨子所謂利之眞義所致也。墨子之所謂利，乃指整個天下之利而言，而非指少數國家之利而言，雖少數國家從事於攻戰，可能得利，然其利係取之他國。有得利者，有受害者，以整個天下爲範圍計之，二者相消，並無所謂利。再將攻戰之耗費計入，則顯然可見其有害矣。故非攻中篇載：當飾攻戰者以荆吳之王，齊晉之君，因攻戰而擴張領土，增加人口，使其國家強大爲例，謂攻戰有利而主張攻戰時，墨子卽答以：

「雖四五國，則得利焉，猶謂之非行道也。」

卽謂苟四五國得利，而其餘之國受損，不能視爲利，必待各國均得利，始可謂之利。依此義，太虛法師將永無法證明攻戰爲有利。攻戰必不能使天下各國均得其利，卽是無利，故不可以攻戰爲有利而主張攻戰也。

墨子除言攻戰爲不利外，又言攻戰爲不義。其言曰：

「今至大爲不義，攻國則弗知非，從而譽之，謂之義，情不知其不義也」(註一四)。

實則墨子所謂之義，卽是公利，所謂不義，亦卽是不合於整個天下之公利(註一五)。攻戰不義不利，自當力加非斥也。

墨子除以不義不利爲理由以反對攻戰之外，最後更將其反對攻戰之主張歸之於天志，以天作爲其主張之最後依據。故云：

「天之意不欲大國之攻小國也，大家之亂小家也。」

「今若處大國則攻小國，處大家則亂小家，……誅罰必至矣」(註一六)。

卽謂攻戰之當反對，非但因其不利不義，且因其不合天之意志，苟從事於攻戰，不獨須蒙受損失，亦必遭受天之誅罰。

由上所述觀之，攻戰全是弊害，一無益處，墨子為貫澈其實利主義，以求「興天下之利，除天下之害」，焉得不力加非斥耶？

第三節　國際間之正常關係

墨子心目之中，國際間之正常關係，自是和平互助，永無戰爭。當時列國相攻，戰爭頻仍，依墨子之意，乃是一種不正常之狀態，不應長久維持，而當速謀改善，故藉天之名義以宣示其願望曰：

「今若處大國則攻小國，處大家則亂小家，……誅罰必至矣。……今若處大國則攻小國，處大都則伐小都，……禍祟必至矣」（註一七）。

墨子理想中之國際關係，實與理想中之個人關係相同，其置於個人與個人間以衡量個人關係之標準，可直接通於國家與國家之間，以衡量國際關係。質言之，並非如常人一般，以一標準衡量個人關係，又以另一標準衡量國際關係。試觀其非攻上篇所云：「竊桃李」者、「攘人犬豕鷄豚者」、「取人牛馬者」、「殺不辜人也，扡(拕)其衣裘，取戈劍者」、與「攻國者」，皆是不義，而當非之，罰之，且虧人愈多者，其非當益厚，其罰當益重，可知其衡量國際關係與衡量個人關係，所用實同一標準也。故其所希望於個人之間者，亦希望於國際之間。天志中篇云：

「子墨子曰：天之意，不欲大國之攻小國也，大家之亂小家也，強之暴寡，詐之謀愚，貴之傲賤……」

即是墨子託天之意，以表明其對個人關係與國際關係之希望也。除「大國之攻小國」是指國際間之關係言，「大家之亂小家」是指團體間之關係言，「貴之傲賤」是指個人間之關係言，至「強之暴寡」與「詐之謀愚」，則指國際間、團體間或個人間之關係言均可通。攻、亂、暴、詐、謀、傲諸詞，意義雖各不相同，然皆有侵略性質，故無論何者發生於個人之間、團體之間或國際之間，均屬不可。可見墨子理想中之國際關係與其理想中之個人關係完全一致。此乃就消極方面言之。

就積極方面言之，墨子所希望者爲：

「欲人之有力相營，有道相教，有財相分也」(註一八)。

此雖似解釋爲指個人間之關係言較爲恰當，然墨子並未明示僅指個人間之關係而言，且此處所引三句係承接上引「……不欲大國之攻小國也，大家之亂小家也，強之暴寡，……」等句而來，由墨子對國際關係與對個人關係之態度一致推之，自亦可解釋爲兼指國際間之關係而言，是墨子希望於國際間者亦是和平互助也。

然則此種正常之國際關係，亦即國與國間和平互助，永無戰爭之狀態，如何達到？如何確保維持？綜合墨子之意，其途徑有三：

其一、爲倡兼愛貴義：此乃謀從根本上堵塞攻戰之源，以建立國際間之正常關係也。本章第一節中言及攻戰之根源爲不相愛與好名利。不相愛，則只顧己不顧人，因而爲己而損人。好名利，可總稱之曰好利，蓋就廣義言之，名亦是利之一種也。好利，則爲求利必至相互爭奪虧害。倡兼愛，使人人相愛，則必不爲己而損人；倡貴義，使人人皆謀整個天下之公利，則必不相互爭奪虧害。國與國之間，能相愛相利，不爲己而損人，不爲求利而相互爭奪虧害，自是一種理想之國際關係。關於兼愛、貴義之詳細詮解，列爲本篇第五章，此處只撮述其要旨，不多作討論也。

其二、爲講求自衛：墨子反戰，只是反對攻，而不反對守。攻爲主動之戰爭，守爲被動之戰爭；即墨子只反對主動之戰爭，而不反對被動之戰爭。主動之戰爭爲侵略之戰爭，被動之戰爭爲自衛之戰爭；亦即其所反對者僅爲侵略戰爭，如爲求生存，不得已而從事於自衛之戰，則爲墨子所許可，其所以以「非攻」名篇者，意即在此也。然墨子之所以贊成自衛之戰者，蓋因其以爲自衛之戰，乃所以打擊侵略者。各國皆有充分之自衛力量，則無人敢發動戰爭，以攻擊他國，如此，國際間之戰爭因而可免，和平之目的亦無形中可以達到。故曰：

「是故大國之所以不攻小國者，積委多，城郭修，上下調和，是故大國不耆攻之」（註一九）。

自衛既可防止侵略，免除戰爭，而謀得和平，故墨子勸各國注意國防，重視自衛，其言曰：

「故備者國之重也，食者國之寶也，兵者國之爪也，城者所以自守也，此三者國之具也」（註二〇）。

所謂備者，即國防上之自衛措施，最重要者有三方面，一爲食，二爲兵，三爲城郭。若糧食充足，兵力精強，城郭鞏固，則不懼他國之攻，他國見其不可攻，自亦必不敢冒必敗之危險以發動攻戰也。墨子謂公良桓子曰：

「今簡子之家，飾車數百乘，馬食菽粟者數百匹，婦人衣文繡者數百人，吾取飾車食馬之費，與繡衣之財，以畜士，必千人有餘，若有患難，則使數百人處於前，數百人處於後，與婦人數百人處於前後，孰安？吾以爲不若畜士之安也」（註二一）。其建議衞國畜士，亦即勸其注意國防，重視自衞也。若不知注意國防，重視自衞，則必有無窮之患。故曰：

「君自以爲聖智，而不問事；自以爲安彊，而無守備；四鄰謀之不知戒，五患也」（註二二）。無守備，則受他國侵略而無力抵抗，甚或引誘他國從事侵略，一方面本國輕則受損，重則亡國，他方面使世界攻戰不已，有礙和平，故是一極大禍患也。

墨子反攻戰而重防守，以防守爲求和平之途徑之一，故其勸各國注意國防，重視自衞之外，更製作防守器械，精研防禦之術，書中自備城門至雜守十一篇，皆係與禽子討論防守器械之製作與防禦之術之運用者。且曾派弟子禽滑釐等三百餘人，持守圉之器，在宋城上，助宋守城，其本人並親自與公輸般作攻守之演習，以其守禦之法，敗公輸般攻城之計，而止楚攻宋，以救宋國（註二三）。其法是備戰求和，與一般空言和平者大不相同也。

其三、爲睦鄰救弱：睦鄰在求列國之間和平相處，其法是：

「外有以爲皮幣，與四鄰諸侯交接」（註二四）。

「外有以爲環璧珠玉，以聘撓（畢沅云撓即交）四鄰，諸侯之寃不興矣」（註二五）。

「厚為皮幣，卑辭令，亟徧禮四鄰諸侯」（註二六）。即國與國間之交往，應一則互相待之以利，如以皮幣、環璧、珠玉等相贈送是也；一則彼此待之以禮，如卑辭令等相聘交是也。如此必不會相互積寃結仇，以至興師動武，彼此攻伐矣。

救弱實是自衛之擴大，即以外交之方法，擴大備戰求和之範圍。自衛本為一國之事，然一國之力量有時不足以抗拒強國之侵略，若各國聯合，互助互救，合衆國之力量共禦侵略，則任何強大國家，亦必無由逞其侵略之野心矣，故曰：

「今若有能信劾（孫詒讓云劾同交，信劾即相交），先利天下諸侯者，大國之不義也，則同憂之；大國之攻小國也，則同救之；小國城郭之不全也，必使修之；布粟之絕則委之，幣帛不足則共（畢沅云同供。）之。以此劾大國，則小國之君說（劾亦同交，孫詒讓云小國當為大國，余以為作小國不誤，此兩句意謂如此共同對付大國不義之侵略以救小國，則小國之君必悅，並無不通。）。人勞我逸，則我甲兵強；寬以惠，緩易急，民必移（移，歸也。）；易攻伐以治我國，攻必倍（孫詒讓云攻當為功）；量我師舉之費，以爭（原為諍，依王引之校改）諸侯之斃（踣也罷也），則可得而厚（本為序，依王引之校改）利焉。督以正，義其名，必務寬吾衆，倍吾師，以此援（本為授，依孫詒讓意校改）諸侯之師，則天下無敵矣，其為天下之利不可勝數也（本句依蘇時學校正）」（註二七）。

此處所引一節，其含義有三：第一為各國之間應建立邦交，共謀天下列國之利，若大國發動不義之戰，以侵略小國，則列國共同起而援救小國以制裁大國。第二為若小國貧弱，則予以援助，使其有自衛之力量，其援助之項目，主要者：一是協助貧弱之小國修築城郭，使其城郭鞏固，二是供給貧弱之小國以衣食，使其衣食飽暖。三是供給貧弱之小國以金錢，使其財政自足。第三、為援助小國抵抗大國不義之侵略，而不發動侵略戰爭，即只從事於守而不從事於攻，則有下列之利：一是以逸待勞，故我軍之戰力較敵軍爲強，二是待他國仁厚，故可使人心歸服，三是以正義爲號，故可戰無不勝。

依上述睦鄰救弱之辦法，一則可使好戰者知侵略之必敗，而不敢從事侵略，從而獲得國際間之和平。二則可助貧弱者達於富強，使天下無落後之地區，無飢寒之人民。三則可敦睦國與國間之邦交，養成國際社會上互助合作，尙義惡暴之風氣，以至進於國與國之間彼此相愛，「視人之國若視其國」(註二八)之境地。如此，正是墨子所殷切希望而竭力謀其實現之正常國際關係也。

今世界各國均聲言反對侵略，高唱永久和平，強大國家恒有協助貧弱之國發展經濟，改善民生，充實國防力量之事，亦有循外交途徑，建立邦交，成立聯盟，以抵禦侵略之舉。凡此似皆與墨子之主張相符，然其間尙有大不相同者，即今世各強大國家，常藉援助與聯盟之名以干涉貧弱小國之內政，而遂其侵略之願，而墨子則堅決反對此事。魯陽文君將攻鄭，墨子聞而止之，魯陽文君答辯曰：

「先生何止我攻鄭也？我攻鄭，順於天之志，鄭人三世殺其父（蘇時學云父當作君，孫詒讓云三當作二，下同），天加誅焉，使三年不全，我將助天誅也。子墨子曰：鄭人三世殺其父，而天加誅焉，使三年不全，天誅足矣，今又舉兵，將以攻鄭，曰：吾攻鄭也，順天之志。譬有人於此，其子強梁（任威使氣之貌）不材，故其父笞之，其鄰家之父，舉木而擊之，曰：吾擊之也，順於其父之志，則豈不悖哉」(註二九)？

墨子之意，即反對假借名義以干涉他國之內政，而遂行侵略，魯陽文君以鄭人二世殺其君，將助天誅爲理由，以決定攻鄭，此與拿破崙（Napoleon Bonaparte）以推翻歐洲之君主專制，帶給歐洲以自由、平等、博愛爲名，以侵略歐洲各國(註三〇)，英國人以自治政府有害無益，印度人尙不到自治程度爲由，以統治印度(註三一)等同樣荒謬，故墨子以鄰家之父舉木擊他人之子爲例，諭其不可也。

若強大之國家，藉口援助或聯盟以干涉小國之內政，雖其所號爲反侵略、求和平，實則正是從事侵略、破壞和平，宜乎墨子對魯陽之攻宋亟亟以爲不可，而堅決反對也。由此可知墨子所謂合衆國之力與援助小國，必是列國處於平等之地位，相互尊重，且須出於至誠，本乎兼愛；除反侵略、求和平外，絕不可有任何企圖野心也。

不過吾人當明瞭者，是上述墨子關於國際關係之主張，乃針對當時實際情形而發，至其最終之理想，則在求天下一統，此已於本篇第二章第一節中言之。及天下一統之時，列國均須上同於天子，受天子節制，不得於天子許可之外，妄事行動，自不會有攻戰之事；其所以反對攻戰者，亦因攻戰與其天下一統之理想不相容也。

第四節　結　語

墨子反對攻戰，法家則贊成攻戰，其態度與墨子完全相反，蓋法家講霸王之業，重富國強兵，以爲國之大事爲農與戰。且其對所謂戰，不分自衛之戰與侵略之戰，均一律推重。韓非子即嘗勸秦王重視攻戰，並如何藉攻戰降服他國，擴張領土，以成霸王之業，其言曰：

「是故秦戰未嘗不剋，攻未嘗不取，所當未嘗不破，開地數千里，此其大功也。……夫戰者，萬乘之存亡也。……」（註三二）。

又屢言如何鼓勵人民，使之勇於公戰（註三三），均可見其如何推重攻戰也。

商鞅於商君書中，亦多有應如何重視攻戰並鼓勵人民勇於公戰之辭（註三四），且嘗建議秦王招徠三晉之民，耕於秦之曠土，以增加食糧，而使秦兵得暇出戰（註三五），亦可見其對攻戰之推重也。

至於儒家，單就反攻戰一點而言，其態度與墨子相同。論語載：「衞靈公問陳於孔子，孔子對曰：俎豆之事，則嘗聞之矣，軍旅之事，未嘗學也。明日遂行。」朱子註曰：「……衞靈公無道之君也，復有志於戰伐之事，故答以未學而去之」（註三六）。孔子對軍旅之事未必不知，然以未學為由而不答衞靈公之問，且翌日卽行，卽表示其不贊成衞靈公之好攻伐，亦卽反對攻戰也。孟子曰：「行一不義，殺一不辜，而得天下，皆不為也」（註三七），其對攻戰自亦必持反對之態度也。

尤有進者，墨子反對攻戰，而贊成守戰；卽雖反對侵略，然却注意國防，重視自衞，儒家亦復如是。孔子曰：「足食足兵」（註三八），又曰：「善人教民七年，亦可以卽戎矣。……以不教民戰，是謂棄之」（註三九）。荀子曰：「……上下一心，三軍同力，聲名足以暴之，威強足以捶笞之，拱揖指揮，而強暴之國莫不趨使，譬之是猶烏獲與焦僥搏也」（註四〇）。均是主張建設國防，培養自衞之力量，以供守備之用。此亦儒墨二家相同之處也。然其間尚有不同者二：

一為墨子反攻戰，是以攻戰之不利為理由，已於本章第二節述之。而儒家反攻戰，則是以攻戰之不義為理由。秦楚構兵，宋牼將言其不利，說而罷之，孟子曰：「先生之志則大矣，先生之號則不可。」而勸宋牼以仁義說秦楚之君(註四一)。蓋孟子以爲若以不利爲理由而勸止攻戰，則攻戰雖止，而人各懷利，他日以爲攻戰有利，自必又從事攻戰矣；且人皆懷利以相接，則國家必至於亂、至於亡也。其實墨子所謂攻戰不利者，是以整個天下爲範圍計之，苟人人能着眼於整個天下之公利，有何不妥？雖孟子亦不能謂其不義也。

二爲墨子堅決反對假借名義干涉他國內政，以遂行侵略，已述之如前。而儒家則不獨以爲苟所作所爲合於仁義，可干涉他國之內政，且苟爲被干涉國之人民所歡迎，即將其併吞之，亦無不可。齊人伐燕而勝，齊宣王問孟子是否可將滯併吞之，孟子曰：「取之而燕民悅，則取之，……取之而燕民不悅，則勿取」(註四二)。是明白表示可依被干涉國人民之意願以決定併吞與否也。孟子以爲仁義之國攻伐不仁義之國，是行仁義，是將仁義推行至他國，以拯救他國之人民，若世上眞有仁義之國，孟子之說不獨可通，且富堂皇之大同理想，自極爲可取，然恐世上根本無仁義之國，而孟子之說徒予好戰之國以侵略之藉口而已，墨子反對假借名義干涉他國內政，其用意是在嚴格取消好戰者發動侵略之理由，並非缺乏世界觀而無大同之理想。其實各國一面對內求改進，一面對外求和平互助，大同之理想亦仍可實現也。

不過依孟子之說，儒家對禹征有苗、湯伐桀、武王伐紂等之頌揚，可免除理論上之矛盾，蓋有苗之人民歡迎禹，禹爲行仁義，自可干涉有苗之內政而取其國；夏桀之人民歡迎湯，湯爲行仁義，自可干涉夏桀之內政而取其國；商紂之人民歡迎武王，武王爲行仁義，自可干涉商紂之內政而取其國。凡此儒家均認為是誅，而非是攻，故均頌揚之。而墨子一面反對攻戰，反對假借名義干涉他國內政，一面又讚揚禹征有苗，湯伐桀與武王伐紂，實是自相矛盾，故有人非之曰：

「以攻伐之為不義，非利物與，昔者禹征有苗，湯伐桀，武王伐紂，此皆立為聖王，是何故也？」

墨子答曰：

「子未察吾言之類，未明其故者也。彼非所謂攻，謂誅也。昔者三苗大亂，天命殛之，……禹親把天子瑞命，以征有苗。……至乎夏王桀，天有轄嚴也命，……湯焉王引之云焉猶乃也敢奉率其衆，是以鄉有夏之境，……至乎商王紂，天不序其德……武王乃攻狂夫孫詒讓云當作乃往攻之，……」（註四三）。

是亦以禹征有苗、湯伐桀與武王伐紂為誅而非攻，故讚揚之。然入他國境內以殺他國之君，不管稱為誅、稱為攻，總是干涉他國內政，以此與前述以鄰家之父借處罰為名鞭笞他人之子為例，斥責魯陽文君欲借鄭人二世殺其君為由攻鄭相對照，墨子將何以自圓其說？此較「殺盜人，非殺人也」（註四四）之說更為牽強矛盾也。

儒家注意國防，重視自衛，只在原則上勸各國修飭內政，足食足兵，上下調和，以充實自衛之基本力量，而墨子除原則上勸各國充實基本之自衛力量而外，且實際上製作守備器械，講究防禦戰術，並親自率弟子助人守城，其備戰求和之精神，實較儒家更為切實，太虛對此評之曰：「但善自守而不攻人，使彼攻者無可刼掠，則久之必厭倦其攻，亦是息攻之良法」，是為讚美之辭，然而隨之又曰：

「此實不足息攻而反以滋攻耳！守者亦爲私利而守，攻者亦爲私利而攻；然則城守之器益備，梯攻之器亦以彌精，兩器相消，何曾足恃？兩術相長，適足以濟惡！其未可者一也。雖有出衆之巧，使攻必敗而無勝，不敢侵攻，則製器與用器者，亦在乎人耳。……故器之可以拒人者，亦可以攻人；而能造守器者，其法亦可以造攻具，墨子雖能守禦弗攻，安保傳其術者不改用爲攻，並變其法制以造攻具乎？……其未可者二也」（註四五）。觀太虛之評，第一既謂「善自守而不攻人」爲「息攻之良法」，又謂「此實不足以息攻而反以滋攻耳」，是自相矛盾也。第二、以「守者亦爲私利而守，攻者亦爲私利而攻」，斷墨子守備之法不足以謀得世界和平。然墨子所倡之守，實在求整個天下之公利，太虛以其爲私利而守，是未深知墨子所以倡守之最終目的也。第三謂「城守之器益備，梯攻之器亦以彌精，兩器相消，何曾足恃？兩術相長，適足以濟惡」。則是深悉武力競賽之弊也。觀自第一次世界大戰以至今日，各國間武力競賽之情形及結果，與太虛所言何其相應也哉？第四、以爲「造守器者，其法亦可以造攻具」，墨子雖但守不攻，傳其術者則難保不變其法制以造攻具，用其術以從事於攻伐。是誠然也。然而苟有人變墨子之法以造攻具，用墨子之術以從事攻伐，墨子知之，必大加責罵，堅決反對，其過在人不依墨子之主張而行，而非在墨子主張之本身也。

墨子反對攻戰，謀求和平，其理想誠屬崇高，其熱情誠屬可佩，然而墨子所用教人兼愛，告以攻戰不利，以及勸各國注意國防，重視自衛等法，恐仍不足以必使攻戰絕跡，使和平實現。蓋吾人前曾言及，人天生有攻擊之動機或本能，單靠勸說懲罰，不可能使此種動機或本能根本消滅，勸說與懲罰，雖有時可產生某種程度之功效，但有時仍抵不過攻擊動機或本能之衝動，因而攻戰終不可免。故欲求消除攻戰，實現和平，除墨子所用者之外，尙須尋求其他方法，即不奢望將人類攻擊之動機或本能根本消滅，而設法將其善加疏導，爲其設計一些無害之出口，如競技、打臘、各種事業成就上之比賽競爭等，使其改頭換面，變成一種有益之衝力，推動人們從事於有益之活動，羅素(Bertrand Russell)於其晚期許多著作中，均有類似之主張。墨子未注意及此，則是其和平主義之一項瑕疵也，雖然，亦並無減於墨子之偉大，誠如太虛法師所云：「當戰國奔命之世，亦不可無墨子其人，抱甕傾甃，焦頭爛額，力救生民焚膚之急！今之世，一放大之戰爭場也，眞有墨子其人，固將有香花頂禮之者」(註四六)。

註一：參閱墨子尙同各篇可知。

註二：兼愛上篇。

註三：兼愛中篇。

註四：天志下篇。

註五：非攻中篇。

註六：蘇薌雨著心理學新論第四章第二節，頁七六—七八，謂馬雷(Henry Murray)舉出現代美國社會中經常見到之心理起源動機之一，即是攻擊動機(N. Agression)，關於人生而有攻擊動機，心理學家無不承認，然有些心理學著作中將其稱之爲本能(Instinct)。

註七：Bertrand Russell 著 Authority and the Individual, Lecture one. P.23.

註　八：見兼愛中、兼愛下等篇。
註　九：非攻下篇。
註　十：同註五。
註十二：同註五。
註十一：同註九。
註十三：參閱太虛法師墨子平議頁二三—二四，即太虛大師全書頁四〇—四一。
註十四：非攻上篇。
註十五：關於義之意義，參閱本篇第五章第二節。
註十六：均見天志中篇。
註十七：同上。
註十八：同上。
註十九：節葬下篇。
註二十：七患篇。
註二十一：貴義篇。
註二十二：亦見七患篇，該篇謂國有七患，無守備爲其中之第五患也。
註二十三：公輸篇。
註二十四：尙賢中篇。
註二十五：同註十六。

註二十六：魯問篇。
註二十七：同註九。
註二十八：同註三。
註二十九：同註二十六。
註 三 十：見由東亞書局出版，海思、穆恩、威蘭合著，李方晨、陳大端增訂，沈剛伯校訂之世界通史頁六一四。
註三十一：前書頁八〇七。
註三十二：見韓非子初見秦篇。
註三十三：參閱韓非子五蠹、顯學等篇。
註三十四：參閱商君書農戰、戰法、兵守等篇。
註三十五：見商君書徠民篇。
註三十六：見論語衛靈公篇。
註三十七：孟子公孫丑上篇。
註三十八：論語顏淵篇。
註三十九：論語子路篇。
註 四 十：荀子富國篇。
註四十一：見孟子告子下篇。
註四十二：孟子梁惠王下篇。

註四十三：同註九。
註四十四：見小取篇。
註四十五：太虛法師墨子平議頁三九—四○，即太虛大師全書頁四四八—四四九。
註四十六：前書頁四○—四一，即全書頁四四九—四五○。

第四章　國民經濟（物質建設）

中山先生曰：「建設之首要在民生」（註一）。而民生問題，實大部爲國民經濟問題，是故謀國民經濟之均足，乃爲政之第一要務。而所以謀國民經濟之均足者，物質建設是也（註二）。

墨子極重視民生問題，如謂：

「凡五穀者，民之所仰也，君之所以爲養也。故民無仰，則君無養；民無食，則不可事。」

又謂：

「且夫食者，聖人之所寶也。……國無三年之食者，國非其國也；家無三年之食，子非其子也」（註三）。

雖單言食之重要，然可由之而知其如何重視民生問題，亦卽如何重視國民經濟之均足也。

而墨子所以謀國民經濟之均足者，其道有三：一曰節約消費，二曰努力增產，三曰合理分配。合而言之，又可統稱之謂物質建設。玆分節論之如後。

第一節　節　約

所謂節約，乃是財物、精力、時間之用得其當，非不當用而用，亦非當用而不用。然則何謂當用？又何謂不當用？關此，墨子有兩大原則：

其一、滿足必要之欲望者當用：所謂滿足必要之欲望者，即維持最低限度生活之必需品也，如充飢渴之飲食，保體溫之衣服，避風雨、別男女之房屋，供水陸交通之舟車等，苟有缺乏，即不能維持生活，故當用。過此，如雕篆刻鏤之美，聲色犬馬之樂等，則非生活之必需品，而係奢侈品，自不當用。故云：

「凡足以奉給民用則止」（註四）。

所謂奉給民用，卽指供給生活必需品，以滿足必要之欲望也。

其二、產生有利之效果者當用：若財物、精力、時間之消費，能產生有利之效果，如飲食可增加體力，以便於勤勉從事者，則當用之；若不能產生有利之效果，或反而產生不利之效果，如厚棺重槨以葬父母，長久哀哭以守其喪，不獨不能增加財富，培養體力，反而浪費財物，損毀身體，妨礙從事，減少生產者，則不當用。故云：

「諸加費不加利於民者弗爲」（註五）。

又云：

「凡費財勞力，不加利者不爲也」（註六）。

其所謂利者，乃偏於物質方面之利，故所謂產生有利之效果，亦指物質方面之效果而言，如安慰、愉悅、振奮等精神效果，墨子似未曾注意。此意吾人已於討論墨子之實利主義時言及。

墨子提倡節約，其主要動機，乃在勸王公大人戒除奢侈浪費，以增加國家天下之利，故云：

「聖人爲政一國，一國可倍也畢沅云言利可倍；大之爲政天下，天下可倍也。其倍之非外取地也，因其國家去其無用之費，足以倍之」（註七）。

即謂欲增加國家天下之利，不必向外侵略，或併吞他國，或擴張土地，只須削減其無益之浪費即足矣。

然而當時之王公大人，却極度奢侈浪費，誠如七患篇所云：

「以其極賞，以賜無功；虛其府庫，以備車馬衣裘奇怪；苦其役徒，以治宮室觀樂。死又厚爲棺槨，多爲衣裘。生時治臺榭，死又修墳墓。故民苦於外，府庫單盡也於內，上不厭其樂，下不堪其苦。」

奢侈浪費之結果，不獨不能增加國家天下之利，且府庫空虛，而至於侵漁百姓，使人民陷於貧窮困苦之中，自然違背墨子主張節約之原則。墨子以平民出身，自奉極儉，見此情形，豈能不憤激萬分，而大呼節約？其節約之主張可分三方面述之：

一、**日常生活方面**：墨子鑑於當時王公大人之生活過分奢侈，於食，則「以爲美食芻豢蒸炙魚鼈」；於衣，則「以爲錦繡文采靡曼之衣」，於住，則「以爲宮室臺榭曲直之望，青黃刻鏤之飾」；於行，則「以飾舟車，飾車以文采，飾舟以刻鏤」。欲達此目的，「必厚作斂於百姓，暴奪民衣食之財」，且使「女子廢其紡織而修文采，……男子離其耕稼而修刻鏤」；其結果則必致「民寒」、「民飢」、「孤寡者凍餒」、「飢寒並至，故爲姦邪」（註八）。於是乃訂定生活標準，以期上下共守：

關於食之方面，其標準爲：

辭過篇規定：「其爲食也，足以增氣充虛，彊體適腹而已矣。」

節用中篇規定：「足以充虛繼氣，強股肱，使耳目聰明則止，不及五味之調，芬香之和，不致遠國珍異怪物。」

關於衣之方面，其標準爲：

辭過篇規定：「爲衣服之法，冬則練帛之中，足以爲輕且暖；夏則絺綌之中，足以爲輕且清。謹此則止。」

節用上篇規定：「凡爲衣裳之道，冬加溫，夏加清者，芊鉏不加者去之（畢沅云芊鉏當爲一鮮字之誤，鮮即少也，蘇時學亦持此說。）。」

關於住之方面，其標準爲：

辭過篇規定：「爲宮室之法曰：室高足以避潤濕，邊足以圉風寒，上足以待霜雪雨露，宮牆之高，足以別男女之禮，謹此則止。」

節用上篇規定：「以爲冬以圉風寒，夏以圉暑雨，有盜賊加固者，芊鉏不加者去之。」

關於行之方面，其標準爲：

辭過篇規定：「其爲舟車也，全（當作完）固輕利，可以任重致遠，其爲用少，而爲利多。」

節用上篇規定：「以爲車以行陵陸，舟以行川谷，以通四方之利，凡爲舟車之道，加輕以利者，芊組不加者去之。」

此諸標準，均係依其節約之原則而定，只求滿足必要之欲望，維持起碼之生活，並期其產生有利之效果，過此標準，則是奢侈浪費，全無益處。而墨子所以訂定如此之標準者，或曰其出身微賤，故以平民生活爲標準以估量統治階級之生活，而欲統治階級向平民看齊，勿因過度浪費以至暴奪人民衣食之財（註九）。或曰因其崇拜大禹，以大禹爲榜樣，故欲人學大禹之勤勞節儉，而戒奢侈浪費（註一〇）。實則其主要原因，乃在古時環境艱難，生活困苦，若一般人之生活，均能達其所定之標準，已經不易，故不願王公大人過分奢侈浪費，以致平民之生活更爲艱困，甚而無以爲生也。

二、喪葬方面：墨子以爲：

「衣食者，人之生利也，然且猶尚有節；埋葬者，人之死利也，夫何獨無節於此乎？」

故爲之訂定喪葬方面之標準曰：

「棺三寸，足以朽骨；衣三領，足以朽肉；掘地之深，下無菹漏，氣無發洩於上，壟足以期其所，則止矣。哭往哭來，反從事乎衣食之財，佴乎祭祀，以致孝於親」（註一一）。

墨子所以提倡喪葬方面之節約者，以爲厚葬久喪不合於仁者孝子之事也，蓋孝子之爲親度，仁者之爲天下度，均在求富貧、衆寡、治亂，而厚葬久喪適與此相反，以其有以下之害處也：

其一、使國家貧：當時王公大人有喪，必數重棺椁，衣衾多領，繁爲文繡，厚爲埋葬，匹夫賤人有喪，則傾家蕩產以葬；諸侯有喪，則多設屋幕，大擺樂隊宴席，金玉珠璣以裝飾死者，送葬者車水馬龍，熱鬧非凡，財物之浪費自不計其數。不僅此也，且長期守喪，而守喪期間，減食忍飢，冬則寒，夏則暑，必至於面目黧黑，耳目不聰明，手足不強勁，爲農則不能耕種，爲工則不能製作，生產自必因之減少。既浪費又不生產，如何而得不貧窮耶？

其二、使人民寡：當時盛行以活人殉葬之風俗。葬天子，殉者多則數百，少亦數十；葬將軍大夫，殉者多則數十，少亦數人。又因長久守喪，身體衰弱，易生疾病，因之而死者，不時而有；且因守喪而敗男女之交，妨礙生育，欲求人口之衆，自不可得也。

其三、使刑政亂：由於厚葬久喪，在上者行之，則不能聽治；在下者行之，必不能從事。不聽治，刑政自亂；不從事，則財用不足；財用不足，則父子兄弟君臣之間，因相求不得，而彼此怨尤，以至於父不慈、子不孝、兄不友、弟不恭、君不愛、臣不忠，甚或盜竊亂賊因之而起，刑政亦必因之而愈亂矣。

其四、使國相攻：凡大國之不攻小國者，多因小國儲備充足，城郭鞏固，上下調和，使大國有所畏懼而不敢攻。若厚葬久喪之風盛，則國家必貧，人民必寡，刑政必亂，如此，儲備必不充足，城郭必不鞏固，上下必不調和，自必引起他國之侵略野心，從事攻伐，而釀成戰爭也。

其五、使鬼神降罰：厚葬久喪之制行，則國家貧窮，人民寡少，刑政紊亂。國家貧窮，則祭祀上帝鬼神之粢盛酒醴必不豐盛淨潔；人民寡少，則祭祀上帝鬼神之人亦必寡少；刑政紊亂，則祭祀上帝鬼神必不依時令節度。如此，必邀上帝鬼神之怒，而降災禍以罰之也（註一二）。

墨子以爲喪葬之制，只是一種形式，此種形式乃由風俗習慣所造成，並非天經地義，不可改變。如越之東，有輆沐國者，以爲頭生嬰兒，須殺而食之，始可使以後所生嬰兒易於長大，是謂之「宜弟」。又父死，須將母親棄諸野外，而曰「鬼妻不可與共處」。楚之南有炎人國者，父母死，須待其肉腐爛後，取而棄之，再收其骨，而葬埋之，始謂之孝子。秦之西有儀渠國者，父母死，須積薪焚屍體，使之「登遐」，然後始爲孝子（註一三）。此諸習俗，彼等行之，固以爲至當，然以吾人眼光觀之，則以爲野蠻而不合情理，應速予改革。而墨子當時之情形，盛行厚葬久喪，耗財傷身。諸侯有喪，致府庫空虛；平民有喪，致傾家蕩產。且由長期守喪，輕則體弱染病，重則至於身死。此種習俗，以與上述輆沐，炎人，儀渠三國所盛行者相較，其野蠻而不合情理之程度或更過之，豈可不速謀改革而講求節葬也哉？

墨子以爲儒家主張「厚葬久喪，重爲棺槨，多爲衣衾，送死若徙，三年哭泣，扶後起，杖後行，耳無聞，目無見，此足以喪天下」（註一四）。儒家誠極重視喪葬之禮，然孟子父死在先，母死在後，其葬禮之厚薄即有不同，嬖人臧倉以其葬父之棺槨衣衾之美曾不如葬母，而勸魯平公勿往見焉，孟子弟子樂正子聞之，則爲之辯解曰：「貧富不同也」（註一五）。可見儒家亦並非主張非厚葬久喪不可也。不過儒家與墨子之根本不同處，在儒家認爲若經濟條件允許，可酌情厚葬之，對親近或尊貴之人應長其喪期，而墨子則以爲即使經濟條件允許，亦不當爲死人浪費有用之財，而當節省之，用以改善人之生活，雖親近尊貴之人，其喪期亦以短爲宜，對死人之化費，求其盡心意，留紀念即已足矣，雖親者、貴者、富者，亦不當厚其葬，久其喪，以增加浪費。由此又可見其主張平等之精神也(註一六)。

三、娛樂方面：墨子書中專談娛樂問題者，僅存非樂上及三辯兩篇，雖單談樂，然可由之而窺知其對他種娛樂之態度。墨子談樂，非僅主張節制，而係主張根本廢除，故非樂上篇云：

「樂之爲物，將不可不禁而止也。」

然而樂何以必須廢除？乃因其「上考之不中聖王之事，下度之不中萬民之利」(註一七)也。試詳言之：

㈠樂不中古聖王之事：何以知之？

其一、古者聖王之書，均教人勿爲樂，或曰爲樂者當罰，或曰爲樂者必降之災殃，使其家則壞喪，國則敗亡(註一八)。可見樂本爲古之聖王所非也。

其二、古之聖王之中，「周成王之治天下也，不若武王；武王之治天下也，不若成湯；成湯之治天下也，不若堯舜。」乃因周成王之爲樂愈於武王，武王之爲樂愈於成湯，成湯之爲樂愈於堯舜，「故其樂愈繁者，其治愈寡，……樂非所以治天下也」(註一九)。

㈡樂不中萬民之利：何以知之？

其一、爲樂必製造樂器，製造樂器，則必征歛萬民之財，人民衣食之財因之浪費，而爲樂之結果却毫無益處。

⑴無益於民生：人民有三患，一曰飢而不得食，二曰寒而不得衣，三曰勞而不得息。而撞鐘、擊

鼓、彈琴、吹笙等，不能供民食而使之不飢，不能供民衣而使之不寒，不能供民息而使之不勞，對民之三患，一患亦不能去，可謂於民生全無益處也。

(2)無助於和平：大鐘鳴鼓琴瑟竽笙之聲，不能使大國不攻小國，大家不亂小家；不能使強不劫弱，衆不暴寡，詐不欺愚，貴不傲賤；亦不能禁寇亂盜賊之興起。尙何有助於和平乎？

其二、爲樂必有奏樂之人，而奏樂之人必須年壯力強，耳目聰明，手脚靈活，乃因老幼殘疾，耳目遲鈍、手脚笨拙之人，必不適於奏樂也。男子奏樂，則廢耕稼，女子奏樂，則廢績紝，以年壯力強、耳目聰明、手脚靈活之人奏樂，眞是浪費人力，妨礙從事，減少生產也。

其三、樂既有，然王公大人不願獨自欣賞，必有人陪之，以官吏陪，則妨礙官吏聽治；以平民陪，則荒廢平民從事。不聽治則亂，不從事則貧，故爲樂之害莫大焉（註二〇）。

墨子既認爲樂有如此多之害處，自然堅決反對，主張根本廢除，杜絕浪費，以「除天下之害」，進而使人節約並勤勉從事，以「興天下之利」（註二一）。

儒家極重樂，以爲樂乃由人性而發（註二二），可以調暢心志，修養德性，和睦羣倫，大有助於教化政事，故禮記樂記篇曰：

「樂者，通倫理者也，……樂者，天地之和也，……樂者，所以象德也，……樂也者，聖人之所樂也，……故樂行而倫淸，耳目聰明，血氣和平，移風易俗，天下皆寧」。

樂既如此重要，自須講求提倡，不可或缺，故云：

「合之以仁而不安之以樂，猶穫而弗食也」(註二三)。墨子非樂，正與儒家相反，故荀子以爲其不明樂之功用，而詆之曰：

「墨子之於道也，猶瞽之於白黑也，猶聾之於淸濁也，猶欲之楚而北求之也」(註二四)。

然而儒家所重視所提倡之樂，必是「不淫」「不傷」之正樂，而非「淫」「傷」之濫樂，故孔子「惡鄭聲之亂雅樂也」(註二五)。且儒家亦必反對過分爲樂，以耗財廢事，甚而傷及民生。故「齊人歸女樂，季桓子受之，三日不朝」，孔子卽辭相事而去(註二六)。孟子見齊王，問曰：「王嘗語莊子以好樂，有諸？王變乎色」(註二七)。齊王之所以變色，自因知孟子對其好樂之情形必不會贊同。由此，吾人一方面可知儒家所提倡之樂，必不致如墨子所言，百害而無一利。一方面又可知當時王公大人必過分沉湎於淫傷之樂中，耗財廢事，致刑政亂，民生苦，墨子全力反對，亦確屬應該。然墨子因鑑於淫傷之樂流行，及過分爲樂之勞民傷財，而主張將樂根本廢除，則極其不當，故梁啓超評其：「知有物質上之實利，而不知有精神上之實利；知娛樂之事足以廢時曠業，而不知其能間接陶鑄人之德性，增長人之智慧，舒宣人之筋力，而所得者足以償所失而有餘也」(註二八)。蓋誠如太虛所云：「其泰甚者有可去，而人之情好不能絕也；其蕪鄙者當删，而物之芳韻不能棄也」(註二九)。

第二節　生　產

墨子以爲欲「除天下之害」、「興天下之利」，必須勵行節約，乃就消極方面言之。從積極方面言之，則須增加生產。所謂增加生產者，即努力從事，以增加事物之數量與效用也。蓋人與禽獸不同，禽獸可因其羽毛以爲衣裘，因其蹄爪以爲絝屨，因其水草以爲飲食，故雖使雄者不耕稼樹藝，雌者不紡績織紝，衣食之財固已具矣。人則不然（案文明人尤爲不然），君子不強聽治，則刑政亂；賤人不強從事，則財用不足。故曰：

「賴其力者生，不賴其力者死」（註三〇）。

人類須努力生產，始可維持生活，不努力生產，則無以爲生。苟有人單消費而不努力生產，甚或專圖享受，則是：

「不與其勞，獲其實，非其所有而取之」（註三一）。

此種人實是社會之寄生蟲，對人類有害而無益。若社會上此種人多，則從事生產者少，於是生產不足以供消費，整個社會將陷於貧困。故云：

「爲者疾（俞樾云當爲寡），食者衆，則歲無豐」（註三二）。

此種人既有害於人類社會，則必不受社會歡迎，且當予以制裁。故云：

「上得且罰之，衆聞則非之」（註三三）。

欲增加生產，首須提倡勤勞，故墨子以大禹之「親自操橐耜，……腓無胈，脛無毛，沐甚雨，櫛疾風……」作榜樣以教人勤勞，並謂「不能如此，非禹之道也，不足爲墨」（註三四）。其非命篇之主旨亦在教人勤勞。蓋勤勞者，乃增加生產之基本條件也。然除此基本條件外，尚須注意以下之原則：

一、分業與分工：墨子雖提倡勤勞，然並非如許行之流，專重筋肉勞力而屏其他（註三五），彼承認分業與分工之原則，主張：

「凡天下羣百工、輪車、鞼匏、陶冶、梓匠，使各從事其所能」（註三六）。

「各因其力之所能至而從事焉」（註三七）。

舉例言之：

「譬若築牆然，能築者築，能實壤者實壤，能欣者欣，然後牆成也。爲義猶是也，能談辯者談辯，能說書者說書，能從事者從事，然後義成也」（註三八）。

分業與分工爲增加生產，促進繁榮進步之必要條件。所謂分業，即社會之人，分別從事各行不同之職業，如農、工、商、醫，或工界之木工、金工、石匠，醫界之內科、外科、牙醫等；所謂分工，乃將某行業內之一套工作或一件工作，分爲若干部分或步驟，每部分或每步驟由某一人或某些人專門從事。若不分工，一套工作或一件工作之各部分各步驟，均須由一人從事，則此一人對一套或一件工作之各部分各步驟均須有知識技能，而工作時又須由此一部分或步驟轉移至另一部分或步驟，自不如實施分工，一人只須具有一部分或一步驟之知識技能，而工作時又不須於部分與部分或步驟與步驟間移轉者較爲方便經濟而有效。若不分業，則社會之人，如非從事同一種職業或事業，即是每人均從事各種職業或事業，如此，社會不獨不能繁榮進步，且根本無法建立維持。蓋如前者，人之某種需要必供應過多，而其他需要又必不得滿足；如後者，則必因一、不能兼顧各業，二、天賦個性不得凸顯，

三、無學習之時間，以至一事無成，雖或勉強從事，至多亦僅能維持生存，而不可能發展精進。由此觀之，許行君王與民並耕之論何其謬也(註三九)！墨子雖出身平民，主張平等，然不要求君王與民同耕，而倡分業分工，其高明於許行者，誠不可以道里計也。上引三段中，第一段可作分業之說明，第三段可作分工之說明，第二段則是分業與分工之通說也。不過從另一方面觀之，以上所引三段，又寓有注重個性之意，似與前述之羣體精神與尙同主義相背。實則依墨子之意，個性之發揮，應以尙同爲前提，其發揮之目的，乃在求羣體之成全，而非求個體之表現。如此言之，則並無矛盾之處也。

二、以時生財：七患篇云：

「財不足則反之時，……故先民以時生財。」

所謂以時生財，其義有二：

其一、爲合乎時令：財物之出產與時令有關，如農作物，一般言之，春夏宜耕耘，秋冬宜收藏；分別言之，春天宜播何種，夏日宜種何物，均有一定。人之需要亦與時令有關，如服裝，夏則需衣，冬則需裘；又雨季需要雨具，雪季需要雪具，概有常規。若不顧時令，種植耕耘失時，則必減少產量，或根本毫無收穫。紡織製作失時，則必使產品不合需要，使需要不得供應，其結果與不生產無異。故須依時令從事，始可增加生產，並提高產品之效用，而提高產品之效用，亦卽等於生產也。

其二、爲愛惜時間：卽充分利用時間，從事有益之生產。諺云：「一寸光陰一寸金」，「光陰卽金錢」。故任何時間，均不應作無益之消耗。處今日工業社會中，時間之重要，盡人皆知。然於古代農業社會中，雖有少數人大叫時間之重要，一般人則仍無時間觀念。墨子急於富貧、衆寡、治亂，而欲速收其效（註四〇），又鑑於一般人之怠惰懶散，故主張積極從事，一時一刻不得稍懈，宜乎其勸人愛惜時間也。如人人愛惜時間，並能充分正當之利用時間，生產自當增加無疑。

墨子既主張合乎時令，愛惜時間，以從事生產，對使生產失時，浪費時間之事，自然堅決反對，其非樂，節葬諸議，亦卽爲此而發，蓋奏樂、聽樂以及厚葬、久喪，均可誤失時令，虛耗時間，減少生產也。

三、增加生產力：古代靠人力生產，與今日可用機器生產者不同。故所謂增加生產力，實卽增加人力，而增加人力之主要方法卽增加人口。然則人口如何始得增加？

其一、反蓄私：墨子以爲蓄私最足以妨礙人口之增加，蓋一人蓄妾若干，一方面其自身不能完盡夫道，致使所蓄之女等於無夫，一方面又侵奪他人機會，致使若干男子無妻。如此必敗男女之事，而影響生育。而當墨子之時，正盛行蓄私之制，尤以王公大人爲甚，故責之曰：

「當今之君，其蓄私也，大國拘女累千，小國累百，是以天下之男多寡無妻，女多拘無夫，男女失時，故民少」（註四一）。

墨子並未主張絕對不可蓄私，然主張盡量節制，使蓄私不致傷行，不致影響生育，而當使內無拘女，外無寡夫，以增加人口。故云：

「當蓄私不可不節。」

「內無拘女，外無寡夫，故天下之民衆(註四二)。

其二、倡早婚：墨子爲求增加人口，於消極方面反蓄私，於積極方面則倡早婚。故曰：

「然人有可倍也，昔者聖王爲法曰：丈夫年二十，毋敢不處家；女子年十五，毋敢不事人」(註四三)。

蓋墨子認爲早婚可增長生育期間，其主張男二十而娶女十五而嫁，卽在求提早生育。若男女之結婚年齡延晚，已達可生育之年齡而不生育，則是將生育期間縮短，必使生育減少。節用上篇云：

「聖王旣沒，于民次也(次讀爲恣，言恣民之所欲也)，其欲蚤處家者，有所二十年處家；其欲晚處家者，有所四十年處家(王引之云所猶時也)。以其蚤與其晚相踐，後聖王之法十年，若純(皆也)三年而字(養也)子，生可以二、三年(當作子)矣。」

是謂早婚早生子，晚婚則晚生子，若晚十年結婚，以三年生一子計，至少少生二、三子，如此，自然影響人口之增加，故欲增加人口，非早婚不可也。

當墨子之時，幾全賴人力生產，而其時人口稀少，故列國君主與諸論政之人，均急於求人口之增加(註四四)，非獨墨子爲然，其與今日人口有過剩之虞，非倡節育不可之情形，自不可同日而語。而早婚之議，亦所多有，非墨子一人所倡(註四五)。依今日科學研究之結果，早婚有礙身體發育，所生子女亦多不够健康，故以早婚求人口之增加，誠非良法。然古時人口過少，急於求其增加，又無科學研究，以明早婚之害，先賢倡之，亦難怪也。

墨子以爲足以影響人口之增加者，除蓄私、晚婚外，尚有三事：一爲當政者勞使其民，厚斂民財，使人民衣食不足，因過勞及凍餓而死。二爲興師動衆，攻伐鄰國，使人民因作戰或生活失常生病而死（註四六）。三爲長期守喪，旣敗男女之交，不能生育，又強作飢寒，引起疾病，因而死亡（註四七）。故欲增加人口，除反蓄私、倡早婚外，尚須一則當政者節儉愛民，二則不事攻伐，三則實施短喪。此三者，均可一方面減少死亡，一方面增加生育，自於人口之增加大有幫助也。

第三節　分　配

節約與生產，在求國民經濟之足，分配則在求國民經濟之均。然此處所講之分配與一般經濟學中所講之分配不同，一般經濟學中之所謂分配，乃指提供生產要素者之活動所分得之報酬而言，其中包括工資、地租、利息、利潤、國民所得等（註四八）。而此處所謂之分配，乃就常識意義言之，指財物勞力之分配。雖墨子書中專談分配之言辭不多，亦仍可由之以窺知其意見。墨子云：

「有力相營，……有財相分也。」

所謂有力相營，卽人有力，不當專爲自己工作，亦當爲他人服務。其意與「力惡其不出於身也，不必爲己」（註四九）相同。所謂有財相分，卽人有財，不當專供自己享受，亦當供他人使用。其意與「貨惡其棄於地也，不必藏諸己」（註五〇）相同。此乃人類社會相當進步後之情形，非一蹴可幾，須經相當努力始可達到。至於「民始生未有刑政之時」，則是：

「全有餘力，不能以相勞；腐死餘財，不以相分」(註五一)。有餘力而不爲他人服務，有餘財而不供他人使用，則必有不均之患。欲救此不均之患，而使人有力相營，有財相分，乃是一種道德理想，是一種政治目標，亦是一種經濟觀念，而所以求此理想、目標與觀念之實現者，則是一種道德教育，是一種政治措施，亦是一種經濟政策。細察墨子本意，其「有力相營」，「有財相分」之語，非專就道德意義言，非專就政治意義言，亦非專就經濟意義言，只是如此希望，便如此說而已。而此種希望，此種說法，實兼具道德、政治、經濟三種意義，蓋墨子本將道德與實利合而爲一也(註五二)。雖然，吾人於談經濟問題時，自可專就經濟觀點討論之。

墨子雖主張有力爲他人服務，有財供他人使用，然與共產主義絕不相同。乃因共產主義主張公有制度，而墨子則仍承認私有制度也。其言「有力相營」、「有財相分」，意卽人對其勞力與財物有所有權，並以其有所有權之勞力爲他人服務，以其有所有權之財物供他人使用也。蓋苟對其勞力無所有權，亦必無權以其勞力爲他人服務；苟對其財物無所有權，亦必無權將其財物分給他人。其所主張之分配，實與今日社會政策下之分配相似而不盡相同。今日若干國家實行社會政策，由國家將國民所得抽出一部，集合後，再重新分配，卽國家以稅收之所得救濟貧困殘疾之人，舉辦社會福利事業等；國民納稅之多寡依其所得之數量而定，所享之福利多寡則依其需要之程度而定。如此，使富強者無形中幫助貧弱者。而墨子所主張之分配，則似持有財物或勞力之人，直接將其財物勞力分給其他貧弱之個人，而未言由國家主其事也。二者之相似處，在均帶有互助性質，均含有道德意味。其不同處，則是社會政策下之分配經由國家轉手，係間接互助；墨子所主張之分配是個人間直接行之，係直接互助。故後者之道德意味較前者遠爲濃厚。蓋在社會政策之下，由國家主持分配，以富強者之財力救助貧弱者之不足，雖收互助之效，然個人與個人間未必有互助之意識，甚或富強者本不願出其財力以救助貧弱者，而由國家以強制力行之，故其道德意味不足。而墨子所主張之分配，不由國家主持，而由個人自由行之；無國家之強制，富強之個人以其財力救助貧弱之個人，自是出於自願，故特富道德意味也。

墨子所主張之分配，雖含有極濃厚之道德意味，然其所涉之事乃財物與勞力，其對財物與勞力之分配甚或純由道德心出發，然其所直接獲得者，乃經濟上之效果，故吾人仍可作爲一經濟課題加以討論也。

不過，作爲一經濟課題而論，墨子對分配之主張實嫌籠統，可謂只表示一種意願，最多亦只能算舉示一項基本原則而已。至於實行方法與實施步驟等大綱細目，則未嘗言及。故吾人之討論亦只可至此而止，不能過事猜測臆斷也。

第四節　結　語

墨子談國民經濟，兼顧節約、生產與分配三者。蓋三者具，人民之生活始得均足也。然此三者中，墨子所諄諄勸告，再三申說者，則以節約問題居多。如節用、節葬、非樂、辭過、三辯諸篇，均以節約作其主旨。卽談生產、分配，亦僅在求使人能過起碼之生活而已，非在求奢華享受也。然而墨子並非教人以吃苦爲目的，而根本否定人求享受之欲望，亦非不欲改善民生，而使人民有更好之生活，只因當時環境艱苦，維持起碼之生活即已不易，惟恐由於奢侈浪費，致使起碼之生活亦無法維持也。如維持起碼之生活已無問題，經濟條件允許，自亦希望人民能過更好之生活。非樂上篇云：

「非以大鍾鳴鼓之聲，以爲不樂也；非以刻鏤華文章之色畢沅云一本無華字，以爲不美也；非以犓豢煎炙之味，以爲不甘也；非以高臺厚榭邃野之居，以爲不安也。」

是墨子亦承認大鍾鳴鼓之聲爲樂，刻鏤文章之色爲美，犓豢煎炙之味爲甘，高臺厚榭邃野之居爲安。而其所以對大鍾鳴鼓、刻鏤文章、犓豢煎炙、高臺厚榭極力反對者，即因當時人民起碼之生活尚不能維持，經濟條件不允許求此等樂、美、甘、安也。其答禽滑黎曰：

「故食必常飽，然後求美；衣必常暖，然後求麗；居必常安，然後求樂。爲可長，行可久，先質而後文」（註五三）。

顯然表示起碼生活足以維持，經濟條件允許之時，可進而於食、衣、住等方面求美、麗、樂等享受。

人有求美求樂等天性，且由人之求美求樂等活動，始可產生文化，促進文明。若墨子根本否認大鐘鳴鼓之聲爲樂，刻鏤文章之色爲美，犓豢煎炙之味爲甘，高臺厚榭邃野之居爲安，教人以過起碼之生活爲滿足，而反對人之求美求樂，則逕是否定人之天性，否定一切文化與文明，何止如荀子所評爲「蔽於用而不知文」（註五四）也？然由上引諸語觀之，吾人知墨子絕非如此，其亟亟於勸人節約者，只在先求「質」，而非不知「文」也。苟墨子果眞教人以吃苦爲目的，而不欲人民有更好之生活，又何爲而呼號奔走，苦思焦慮，籌劃設計，以求除天下之害而興天下之利也哉？不過，平心而論，墨子主張節約之言論誠屬過激，此或與當時王公大人之過度奢侈以及墨子本人之個性有關（註五五）。雖然，墨子「昭昭然爲天下憂不足」（註五六）之熱忱仍頗値吾人崇敬也。

墨子談節約最爲詳盡，談生產次之，談分配則極爲簡略籠統，此或由於墨子特別擔心天下之不足所致。蓋節約生產在謀天下之足，而分配則在謀天下之均；墨子特急於求天下之足，故多談節約生產，並不忽視天下之均，故亦兼及分配也。

本章以國民經濟爲題，意在討論墨子對國民生活問題之一般主張，而非以現代經濟學之觀點以評斷墨子之說。蓋時代不同，環境相異，學術文化發展之階段有殊，不可古今齊觀，尤不可以今誣古也。

註　一：孫中山先生著建國大綱第二條。

註　二：中山先生欲實現民生主義，解決民生問題，有實業計劃、錢幣革命等主張，又總稱之曰物質建設。

註　三：均見七患篇。

註　四：節用中篇。

註　五：同上。

註　六：辭過篇。

註　七：節用上篇。

註　八：均見辭過篇。

註　九：方授楚墨學源流上卷第五章—四—頁八八有此說法。

註　十：莊子天下篇卽有此意。

註十一：均見節葬下篇，節用中篇亦有類似語句。

註十二：以上均參閱節葬下篇。

註十三：同上。

註十四：公孟篇。

註十五：見孟子梁惠王下末章。

註十六：節葬下篇曰：「壟足以期其所，……以致孝於親，不失死生之利者，此也。」卽謂喪葬不應過事浪費，只當求盡心意，留紀念而已，爲死人辦治喪葬，亦應顧及生人之利也。非儒下篇又反對儒者於喪葬方面「親親有術，尊賢有等」之主張，是墨子平等精神之表現也。

註十七：非樂上篇。

註十八：同上。

註十九：見三辯篇。

註二十：以上爲樂諸害，均參閱非樂上篇。

註二十一：「除天下之害」，「興天下之利」二語，墨子書中所用甚多，如兼愛中、兼愛下、非樂上等篇均有。

註二十二：禮記樂記篇云：「凡音之起，由人心生也。」又云：「樂者，音之所由生也，其本在人心之感於物也。」

均說明樂係發自人性。

註二十三：禮記禮運篇。

註二十四：荀子樂論篇。

註二十五：論語陽貨篇。

註二十六：論語微子篇。

註二十七：孟子梁惠王下。

註二十八：梁啓超子墨子學說第二章第一節頁二四。

註二十九：太虛法師墨子平議頁二一—二二，即太虛大師全書頁四三〇—四三一。

註 三 十：同註十七。

註三十一：天志下篇。

註三十二：七患篇。

註三十三：同註十七。

註三十四：見莊子天下篇。

註三十五：參閱梁啓超先秦政治思想史第十一章，頁一二一。

註三十六：同註四。

註三十七：同註十四。

註三十八：貴義篇。

註三十九：孟子滕文公上。

註四　十：吾人於第一篇第三章第五節及本篇第五章第一節中均曾言及墨子較為激進。
註四十一：同註六。
註四十二：均同上。
註四十三：同註七。
註四十四：觀孟子與各國君主論政，常言及如何增加人口可知也。
註四十五：韓非子外儲說右下篇載齊桓公下令曰：「男子年二十而室，女子年十五而嫁。」亦見說苑貴德篇。國語越語亦云女子十七不嫁，其父母有罪；丈夫二十不娶，其父母有罪。可見當時主張早婚者非墨子一人也。
註四十六：一、二均見節用上篇。
註四十七：參閱節葬下篇。
註四十八：一般經濟學著作中，多有分配一章，而所討論者，大致為工資、利息、利潤、國民所得等之分配原理。
註四十九：禮記禮運篇。
註　五　十：同註四十七。
註五十一：尚同上篇。
註五十二：本文第一篇第二章第二節及第二篇第五章第二節，均有此說明。
註五十三：此段本劉向說苑反質篇中語，畢沅疑其即為墨子節用篇之文。是否為節用篇之文不可知，然與墨子思想一致，可能曾出於墨子之口，故採取之，以發明墨子之主張。

註五十四：見荀子解蔽篇。
註五十五：由莊子天下篇謂墨子「以自苦爲極」一段，可知墨子性尚刻苦節儉，又本文第二篇第五章第一節謂墨子較儒家爲激進。是墨子之個性既尚節儉，又較激進，宜乎其談節約之理論過激也。
註五十六：荀子富國篇以墨子「昭昭然爲天下憂不足」爲墨子之「私憂過計」，以譏墨子。然吾人則以爲能「昭昭然爲天下憂不足」，乃是一種頗值崇敬之熱忱也。

第五章　社會道德（倫理建設）

墨子企望永久和平，謀求大同之治，除重組織、任賢能、主非攻、倡節約、增生產、談分配等外，更注重道德之建立。且其所注重之道德，非個人之私德，而係羣體之公德（註一），故稱之爲社會道德，亦稱之爲倫理建設。蓋政治者，乃羣體之現象也；而社會道德者，則在求人羣關係之合理化者也。故道德爲政治之本，欲從事政治建設，必先從事倫理建設，苟無倫理建設爲之基礎，則政治建設必無由成其功矣。而墨子所倡之社會道德，有兩大要目，一曰兼愛，二曰貴義，茲依次論述之。

第一節　兼　愛

墨子所以倡兼愛者，乃因鑑於社會之所由亂，皆起於人之不相愛。當墨子之世，戰爭頻仍，篡奪相繼，乖忤恒有，盜竊時起，詐欺流行（註二），墨子以爲凡此莫不由人之不相愛而起故曰：

「亂何自起？起不相愛。……子自愛不愛父，故虧父而自利；弟自愛不愛兄，故虧兄而自利；臣自愛不愛君，故虧君而自利。此所謂亂也。雖父之不慈子，兄之不慈弟，君之不慈臣，此亦天下之所謂亂也。父自愛也，不愛子，故虧子而自利；兄自愛也，不愛弟，故虧弟而自利；君自愛也，不愛臣，故虧臣而自利。是何也？皆起不相愛。雖至天下之爲盜賊者亦然，……雖至大夫之相亂家，諸侯之相攻國亦然。……天下之亂物具此而已矣。察此何自起，皆起不相愛」（註三）。

又曰：

「是故諸侯不相愛，則必野戰；家主不相愛，則必相簒；人與人不相愛，則必相賊；君臣不相愛，則不惠忠；父子不相愛，則不慈孝；兄弟不相愛，則不和調；天下之人皆不相愛，強必執弱，富必侮貧，貴必敖賤，詐必欺愚。凡天下禍簒怨恨，其所以起者，以不相愛生也」（註四）。

墨子認爲社會之所以亂，由於人之不相愛，可謂從根本上識得禍亂之源也。試觀當今之世，強凌弱，衆暴寡，人與人相殘殺，國與國相敵視，豈非由於人之不相愛哉？然則吾人欲避亂求治，自當去人之不相愛，而易以人之相愛也。蓋若人能相愛，則亂必去，而治必至矣。兼愛上云：

「視人之室若其室，誰竊？視人之身若其身，誰賊？視人家若其家，誰亂？視人國若其國，誰攻？」

兼愛中亦云：

「視人之國若其國，視人之家若其家，視人之身若其身。是故諸侯相愛則不野戰，家主相愛則不相簒，人與人相愛則不相賊，貴不敖賤、詐不欺愚，凡天下禍簒怨恨，可使毋起。」

人與人相愛，則天下之禍簒怨恨，可得而免，故世人恒以愛爲高尚之情，爲神聖之事。然而單言愛，仍未能保亂之必無，而治之必得也。且苟愛而有偏，則必愛其所愛，而惡其所不愛，既愛其所愛而惡其所不愛，更必進而損其所不愛以利其所愛。如此則黨派生，階級成，而集團起。以黨派與黨派相傾，以階級與階級相鬭，以集團與集團相抗，世之亂將更甚於人與人間本無所愛者也。由此觀之，欲救世之亂而求其治，舍兼愛莫由，故墨子主張「兼以易別也」（註五）。

一、兼愛之意義：然則何謂兼愛？總括言之，兼愛卽是仁（不同於儒家之仁），經上云：

「仁，（體）愛也」（體字楊寬疑衍）（註六）。

此愛爲兼愛之簡稱，卽云仁是兼愛也。

分析言之，則有以下三義：

㈠兼愛爲全體之愛：小取篇云：

「愛人，待周愛人，而後爲愛人；不愛人，不待周不愛人，不周愛，因爲不愛人矣。」（舊本原文非如此，此處係依孫詒讓校正。）

所謂周愛人者，卽愛一切人也，亦卽以一切人作爲愛之對象，不能有所遺漏，或有所排斥也。若愛不能普及於一切人，而仍有人在所愛之範圍外，卽是不愛人，不必待不愛一切人始謂之不愛人也。而所謂愛一切人者，引申言之，其義有二：

其一、無人我之分：大取篇云：

「天下無人，子墨子之言也。」

所謂無人者，卽無人我之分也；兼愛而至於其極，則視人如已，視已如人，人與我混然一體，界限全泯，尚有何彼此之分耶？孫詒讓亦曰：

「無人卽兼愛之義，言人我兩忘，則視人如己矣」（註七）。

其二、不受時空限制：兼愛既在愛一切人，故就空間言，應無廣狹之分，凡人均在所愛之列；就時間言，應無古今之別，凡人均不當被排除於所愛之範圍外。故云：

「愛衆世，與愛寡世相若」（註八）。

是謂愛不受空間之限制也。又云：

「愛尙（上也）世與愛後世，一若今世」（註九）。

是謂愛不受時間之限制也。

㈡兼愛爲無差等之愛：墨子講兼愛，不獨主張愛一切人，且主張對一切人之愛均應平等，不當因關係之親疏遠近，而有輕重、多寡、深淺、厚薄之分也。兼愛上篇所云：

「視人之室若其室，……視人身若其身，……視人家若其家，……視人國若其國。」

卽謂對人室之愛，應與對己室之愛平等，不當愛己之室重，而愛人之室輕也；對人身之愛，應與對己身之愛平等，不當愛己之身多，而愛人之身寡也；對人家之愛，應與對己家之愛平等，不當愛己之家深，而愛人之家淺也；對人國之愛，應與對己國之愛平等，而不當愛己之國厚，而愛人之國薄也。大取篇云：

「愛人之親，若愛其親。」

其主張愛無差等之意，更明白而確切也。

㈢兼愛爲無條件之愛：愛而有條件，則只是一種計謀，一種手段，而不能視爲眞正之愛。故愛不當帶有條件，愛人不當附有企圖。以上曾云墨子之兼愛卽是仁，仁旣是兼愛，自不當附帶任何條件或企圖。故云：

「仁而無利愛，利愛生於慮」(註一〇)。

若愛而附有條件，出於計算之心，希求某種利益，則是利愛，利愛非仁，亦非兼愛。又云：

「仁：愛己者，非爲用己也，不若愛馬者」(註一一)。

人未有以計算之心待己者，故人之愛己，非爲用己。至於人之愛馬則不同，其所以愛馬者，乃爲其欲用馬也。所謂仁，所謂兼愛，不當如愛馬者之愛，而當如愛己者之愛，亦卽不當以愛爲手段，而當以愛爲目的也。

㈣兼愛爲涵利之愛：墨子倡實利主義，一切皆求其有用有利，故其言兼愛之終極目的，在於求利，不過其所求者，乃全體之大利，而非私人之小利也。上文謂其主張兼愛而不當附帶求利之條件，乃教人勿由私人之小利爲出發點，正所以求完成兼愛，保障大利也。苟人皆因求私利而從事於愛，則兼愛必不能行，兼愛不行，則大利不得，此正與墨子之實利主義不相容者，何故而不加以反對耶？如以整個人類爲範圍言之，墨子不獨不反對以利爲愛之條件，且以爲愛利一致，愛必涵利，觀其言兼愛常將「兼相愛交相利」，或「兼愛交利」並舉可知也。

綜上所言，可知兼愛者，卽仁也，亦卽全體之愛也，無差等之愛也，無條件之愛也，涵利之愛也。墨子對兼愛又簡稱之爲「兼」，詳稱之爲「兼相愛交相利」，或「愛人利人」。墨子以爲與兼愛相反者爲「別愛」，簡稱之爲「別」，詳稱之爲「兼相惡交相賊」，或「惡人賊人」。凡人之言行合於兼愛者，謂之「兼士」、「兼君」；合於別愛者，則謂之「別士」、「別君」。兼士與兼君之言行，皆在爲人爲公；而別士別君之言行，則皆在爲己爲私。天下之人，無分智愚兼別，皆願將自己之親人寄託於兼士兼君，而不願寄託於別士別君(註一二)。由此觀之，兼愛之爲善，別愛之爲不善者明矣。

二、兼愛可行之理由及實行途徑：兼愛之爲善，雖反對墨子之人，亦不能否認，故云：

「兼即仁矣，義矣」。

「即善矣」(註一三)。

然則兼愛果可行耶？果不可行耶？反對墨子之人以爲絕不可行。故云：

「雖然，豈可用哉？」

「雖然，豈可爲哉？吾譬兼之不可爲也，猶挈泰山以超江河也」(註一四)。

而墨子則以爲可行無疑，兼愛下篇云：

「用而不可，雖我亦將非之，且焉有善而不可用者？」

墨子倡實利主義，重實踐力行，其論事物之善惡，完全以有用無用爲標準，以爲善之範圍與用之範圍相合，不能適用之事物，絕不能稱之爲善，故其必堅信兼愛之社會可以實現，始肯主張之，倡導之(註一五)。兼愛何以可行？墨子以爲：

第一、由理論上言之，愛人卽所以愛己，兼愛卽所以自愛。故云：

「愛人不外己，己在所愛中，己在所愛，愛加於己，倫列之，愛己愛人也」(註一六)。

兼愛之對象爲一切人，我爲此一切人中之一員，我愛一切人，自己亦必在所愛之中，故愛人亦卽愛己，何故而不愛人耶？尤有進者，我愛人，人亦必愛我，我加人以愛，人亦報我以愛，直接愛人，卽間接愛己也。推擴言之，我愛人之親，人亦必愛我之親，我加人之親以愛，人亦報我之親以愛，直接愛人之親，亦卽間接愛己之親也，故云：

「吾不識孝子之爲親度者，亦欲人愛利其親與？意欲人之惡賊其親與？以說觀之，卽欲人之愛利其親也。然卽(則同)吾惡(何同)先從事卽(乃同)得此？若我先從事愛利人之親，然後人報我以愛利吾親乎？意我先從事惡賊人之親，然後人報我以愛利吾親乎？卽(則同)必吾先從事乎愛利人之親，然後人報我以愛利吾親也。……大雅之所道曰：『無言而不讎，無德而不報，投我以桃，報之以李。』此言愛人者，必見愛也，而惡人者，必見惡也」(註一七)。

此理可以下圖示之：

(圖一)

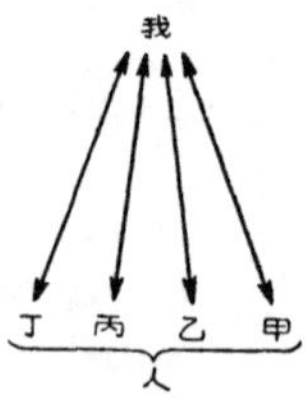

(圖二)

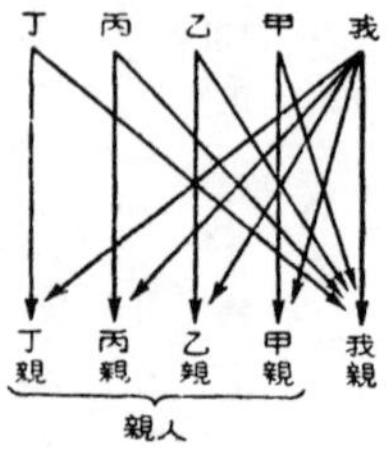

如圖一，我愛甲乙丙丁，甲乙丙丁亦均愛我，則我愛人卽所以愛己也。如圖二，我愛甲乙丙丁之親，甲乙丙丁亦均愛我之親，則我愛人之親卽所以愛己之親也。反之，若我自愛而不愛人，甚或因自愛而惡人，則人亦必不愛我而惡我；我愛己之親而不愛人之親，甚或爲愛己之親而惡人之親，則人亦必不愛我之親而惡我之親。如此，我雖自愛，我雖愛我之親，如何抵得人之惡我？如何抵得人之惡我之親邪？且若人皆不相愛而相惡，則社會豈得而不亂邪？社會旣亂，則我也，我親也，處於此社會之中，安得不受其害？故就遠大處着眼，仍以兼愛爲妥，兼愛之可行，由此可得以證明矣。

第二、由實際上言之，「上本之於古者聖王之事」（註一八），可證兼愛之可行。何以知之？兼愛下云：

「泰誓曰：『文王若日若月，乍照于四方，于西土。』卽此言文王之兼愛天下之博大也，譬之日月，兼照天下之無有私也，卽此文王兼也。」

是述文王兼愛之例也。又云：

「禹誓『禹曰：濟濟有衆，咸聽朕言，……若予旣率爾羣對諸羣，以征有苗。』禹之征有苗，非以求以重富貴，于福祿，樂耳目也，以興天下之利，除天下之害，卽此禹兼也。」

是述大禹兼愛之例也。又云：

「湯誓『湯曰：……今天大旱卽當朕身履，未知得罪於上下，有善不敢蔽，有罪不敢赦，簡在帝心，萬方有罪，卽當朕身，朕身有罪，無及萬方。』卽此言湯貴爲天子，富有天下，然且不憚以身爲犧牲，以祠說於上帝鬼神，卽此湯兼也。」

是述湯王兼愛之例也。

古之聖王如文王、禹、湯等，旣皆可以行兼愛，吾人何不可以行兼愛耶？由此觀之，足證兼愛之可行無疑也。

墨子此處用以證明兼愛之可行者，爲其三表法（註一九）中之第一表，卽「上本之於古者聖王之事」，此法本無不妥，然事實上墨子所本者，僅係泰誓、禹誓、湯誓等文獻之記載而已，吾人雖不敢懷疑此等文獻之可靠性，然終只能視爲間接證明矣。

第三、由與其他事物比較觀之，亦可證兼愛之不難實行，其他事物之難或有甚於兼愛者，然而只要在上者身先倡導，則必收上行下效之功，在下者亦必能行之也。故曰：

「今若夫攻城野戰，殺身爲名，此天下百姓之所皆難也，苟君說之，則士衆能爲之，況於兼相愛，交相利，則與此異，……此何難之有？特上不以爲政，士不以爲行故也」（註二〇）。

兼愛之不行，乃因在上者不肯率先倡導，躬身從事之故。攻城野戰，須冒殺身之險，可謂事物中之最難者也，苟君上悅之，倡之，士衆仍能行之，況兼愛也耶？

墨子認爲兼愛必然可行，其理由已述之如上，然而其後有反對墨家之辯者，以爲兼愛之說根本不能成立，更不必論其實行矣。故立論以相辯難。

一是辯者以爲天下之人無窮，不能兼而愛之。則答之曰：

「無窮不害兼，說在盈否」（註二一）。

「無：南者有窮則可盡，無窮則不可盡，有窮無窮未可知，則可盡不可盡未可知。人之盈否未可知，人之可盡不可盡亦未可知，而必以人之不可盡愛也，誖。人若不盈無窮，則人有窮也；盡有窮，無難。盈無窮，則無窮盡也；盡有窮，無難。」本節文句依孫詒讓梁啓超校改（註二二）。

是謂南方之地雖無窮，然若人未佈滿，則人有窮盡，兼愛此有窮盡之人，自無困難；若人佈滿此無窮之地，則所謂無窮之地已有窮盡，兼愛此有窮盡之地之人，自亦無困難矣。如此言之，無窮於兼愛之義並無妨礙也。

二是辯者以爲不知人數多少，不能兼而愛之。則答之曰：

「不知其數，而知其盡也，說在問者」（註二三）。

「不：不知其數，惡知愛民之盡之也？或者遺乎其問也。盡問人，則盡愛其所問，若不知其數，而知愛之盡之也，無難」（註二四）。

謂若問者之所問係指一切人，則吾人卽可盡愛其所問之一切人，是故雖不知人數之多少，又於兼愛何妨？

三是辯者以爲不知人之居處，不能兼而愛之，則答之曰：

「不知其所處，不害愛之，說在喪子者」（註二五）。

意謂不知人之居處，仍可兼而愛之，如父失其子，雖不知子之所在，未嘗不愛之。由此推之，天下無窮之人，吾雖不知其所在，何嘗不可以愛之？

四是辯者以爲兼愛既是愛一切人，則強盜亦必在所愛之列矣。則答之曰：

「盜人，人也；愛盜非愛人也；不愛盜，非不愛人也；殺盜人，非殺人也」（註二六）。

此乃謂盜人與常人不同，將盜人劃出於常人之外，兼愛雖愛一切人，然而並不愛盜人（註二七）。此處所作答辯甚爲牽強，他處又云：

「獲，人也；愛獲，愛人也，臧，人也；愛臧，愛人也」（註二八）。

前後兩相對照，更見其矛盾。其前三項辯駁極爲堅強深刻，而此第四項辯駁，則雖煞費苦心，仍難免牽強矛盾，「智者千慮，必有一失」，豈是之謂歟！

墨子舉述若干理由以明兼愛之可行，墨者又駁斥辯者兼愛不可行之說。而墨子以爲實行兼愛最切實有效之途徑，是君主悅兼，以兼爲政。故云：

「苟有上說之者，助之以賞譽，威之以刑罰，我以爲人之於就兼相愛交相利也，譬之猶火之就上，水之就下也，不可防止於天下」（註二九）。

此一主張與其尚同觀念相關連，卽主張利用其政治組織，層層節制，或勸之，或威之，以推行兼愛。如此，兼愛雖或可行，然其結果，兼愛必至變質，而不成其爲愛矣。乃因完全由於勸誘強制，而非出於自發也（註三〇）。

吾人於論述墨子兼愛之說後，尙應就墨子之兼愛與孔子之汎愛比較評估之。墨子倡兼愛，孔子言汎愛(註三一)，二說之根本不同處，在汎愛有差等，而兼愛無差等也。儒家講「恕」，以己度人，由愛自己，推而愛他人；由愛自己之親人，推而愛他人之親人。總是推己及人，由親及疏，由近及遠，故「老吾老以及人之老，幼吾幼以及人之幼」(註三二)。言政治而主張「天下之本在國，國之本在家，家之本在身」(註三三)。言社會倫理，則主張「親親之殺，尊賢之等」(註三四)。墨子講「兼」，主張愛人如己，愛人之親如己之親，泯界限，去差等，故「視人之國，若視其國；視人之家，若視其家；視人之身，若視其身」(註三五)。無人己之分，無親疏遠近之別也。

墨家不贊成儒家差等之愛，故墨子斥之曰「別士」，「別君」，以爲是禍亂之源；儒家不贊成墨家無差等之愛，故孟子斥之曰「無父」，以爲是人倫之敵。平心而論，二家之相非，各有其理。蓋依儒家差等之愛，以己度人，推己及人，則必有人己之分，因而必先愛己，然後愛人；推擴言之，又有人家己家之分，因而必先愛己家，然後愛人家；更有人國己國之分，因而必先愛己國，然後愛人國。如此，當人愛己愛不能兼顧之時，必單愛己而不愛人；當人愛己愛相互衝突之時，又必愛己而損人。推之於人家與己家以及人國與己國之間，亦復如是。然則人安得不相惡相賊？天下安得不亂哉？而依墨家無差等之愛，人與己不分，親疏遠近，一視同仁。如此則必待人如己，待人之親如己之親。此於平時言之行之，並無不妥。然若遇飢年凶歲，如梁啓超所云：「二老飢欲死，其一吾父，其一人之父，墨子得飯一盂，不能「兼」救二老之死，以奉其父耶？以奉人之父耶」(註三六)？若奉其父，則與兼愛之理背，而爲「別士」；若奉人之父，則「兼愛」而「無父」矣。此乃依邏輯推之，至於究極，儒墨二家之說，於實行上，皆有其弊。雖然，事實上，孔子並不贊成愛己損人，且更主張愛世人，反戰爭；墨子亦並不贊成無父，且更主張孝子應「爲親度」。故二家之相非雖皆有理，然終嫌趨於極端，失之苛刻也。實則孔墨愛人救世之心根本相同，其所不同者，在孔子欲逐步實行，而墨子則欲立刻達到，一則緩和，一則激進而已也(註三七)。

至於就心理基礎上言，則孔子汎愛之說，確較墨子兼愛之說爲健全。蓋汎愛先愛己，再愛人，由愛己推而愛人；先愛己親，再愛人親，由愛己親推而愛人親，如此，本與人類心理相合，不須勉強，故穩妥而可靠。而兼愛則不然，愛人與愛己同，愛人之親與愛己之親同，俱無先後輕重之分，是與人之心理根本相違者，雖勉強亦難行之，卽能行之，亦必不持久，不可靠。然若舍其心理基礎不論，而就道德理想言之，則墨子之兼愛實較孔子之汎愛爲崇高偉大矣。乃正因順人之自然傾向，人不願愛人如己、愛人之親如己之親，而必欲使之如此，則是一極崇高之道德理想，較之只承認事實因循事實者爲偉大也。若能進而使之願意如此，則是將自然傾向化爲道德意志，其愛人，其愛人之親，皆係從道德之義務心出發。如此之愛，自較出於自然傾向之愛更富道德意義，更崇高，更偉大也。

或以爲墨子兼愛之說，教人視人身若其身，視人家若其家，視人國若其國，如此，將消泯人之國家觀念，民族意識，而逕跨入世界主義，其結果必使自己之國家民族，於競爭激烈之國際社會中，受其他國家民族之侵凌，而無由自存自立。其實大有不然者，蓋墨子本欲將人與人、家與家及國與國間之限界根本消除之，使人與人、家與家及國與國之間，毫無對立競爭，盡是相愛互助。旣如此，何需國家觀念與民族意識乎？苟世界各國家各民族之人，皆爲防他國家他民族之侵凌，而堅強其國家觀念，發揚其民族意識，以求自存自立，則國際間之競爭必益趨激烈，且各國各族，均將以防他國他族之侵略爲理由，而時時準備侵略他國他族。於是戰爭終不可免。而戰爭之結果，又必勝敗俱傷，雖或幸而自存自立，亦將蒙莫大之損害，遠不如不戰之有利。且因競爭激烈，今日自存自立，難保明日不敗不亡，遠不如不爭之穩當也。墨子講兼愛，將愛由個人與個人之間，同樣移用於家與家之間，亦同樣移用於國與國之間，不獨無礙於國家民族之自存自立，且使私德與公德一致，國內道德與國際道德一致，由個人以至整個天下，一片和諧，安享和平，豈非一大貢獻也哉？

第二節　貴　義

墨子除倡兼愛外，更倡貴義。義何以可貴？墨子曰：

「今用義爲政於國家，人民必衆，刑政必治，社稷必安。所爲貴良寶者，可以利民也，而義可以利人，故曰義天下之良寶也」（註三八）。

義既爲天下之良寶，故墨子曰：

「萬事莫貴於義。今謂人曰：予子冠履，而斷子之手足，子爲之乎？必不爲，何故？則冠履不若手足之貴也。又曰：予子天下而殺子之身，子爲之乎？必不爲，何故？則天下不若身之貴也。爭一言以相殺，是貴義於其身也，故曰：萬事莫貴於義」（註三九）。

是謂手足貴於冠履，身貴於天下，而義又貴於身，可知義最貴，故應貴義。太虛法師以爲墨子於此處所應用者，乃其實利主義中兩害相權取其輕，兩利相權取其重之原則。存手足之利重於得冠履之利，故棄冠履而存手足；存身之利重於得天下之利，故棄天下而存身，皆與其原則無違。唯至曰：「爭一言以相殺，是貴義於身也」，則與其原則不合。乃因身爲利之主，而義與不義以利害決之，利與害又以人身所受用而喜與惡決之，然則無身則無受用，無受用則無利，無利尙何有義？故爭一言而殺身，不義莫甚矣！蓋「爭一言與爭一地同，爭一地與爭一錢同；我人也，彼人也，我以爭而殺身，可以爲義，彼以爭而殺身，亦可以爲義；我與彼爭而我爲彼所殺，我固成義，彼與我爭而彼爲我所殺，亦成彼義。義既天下之所最貴，則人固應唯義是務；彼不能爭，我迫彼爭，我不能爭，彼迫我爭，是務義也！彼不自殺，我殺彼身，我不自殺，彼殺我身，亦務義也！然則義雖可貴，奈違重生愛人之自宗乎？奈世間將無噍類乎？墨子之道不怒，今以一言而相殺爲義，乃其矛盾自陷之甚者也」（註四〇）。誠然，墨子以「爭一言以相殺，是貴義於身也」，確有不妥，蓋推而言之，將與其兼愛非攻之說相背矣！雖然，太虛之評責仍嫌酷苛。若細心體晤墨子之原意，亦未嘗見其說之必爲矛盾也。乃因其一、墨子向重公利而輕私利，若殺一已之身而得公衆之大利，雖己身被殺，無由受用其利，然而有衆人受用之，以一己之身換取公衆之大利，有何不義？此正墨子之一貫主張，並無矛盾自陷之處。其二、所謂「爭一言以相殺」，雖可解釋爲常人之口角相罵，以至動武相殘，然此必爲墨子所反對者。墨子所爭之言，必與其基本主張攸關者，如兼愛、非攻等是，卽至相殺，亦是爲主義信仰而犧牲，有何不可？設當墨子勸止楚王與公輸般攻宋時，若因相互爭辯而致殺人或被殺，能謂其非行義耶？若此，知墨子萬物莫貴於義，義貴於身之說，實無多大不妥之處也。

一、義之意義：義誠可貴，然則何謂義？簡言之，「兼利」謂之義，詳言之，則有以下三層意義：

㈠義爲利：經上云：

「義，利也。」

墨子講實利主義，凡事皆求其利，論道德，亦以利爲標準，以利爲依歸，此於第一篇第二章第二節中已詳述之矣。至於義，則不獨以利爲標準爲依歸而已，且直視義爲利也。

㈡義爲廣義之利：利有廣義狹義之分，狹義之利，單指財貨之利而言，廣義之利，則範圍較廣，可包括財貨之利，然不止於財貨之利，凡於任何方面有益之事，均可稱之爲利。義非獨爲狹義之利，亦且爲廣義之利。魯問篇云：

「子墨子曰：子之所謂義者，亦有力以勞人，有財以分人乎？……翟以爲不若誦先王之道，而求其說，通聖人之言，而察其辭，上說王公大人，次匹夫徒步之士。王公大人用吾言，國必治；匹夫徒步之士用吾言，行必脩。故翟以爲雖不耕而食飢，不織而衣寒，功賢於耕而食之，織而衣之者也。」

有財以分人，爲狹義之財貨之利；有力以勞人，則非財貨之利，而超出狹義之利之範圍；至於誦先王之道，通聖人之言，以說王公大人及匹夫徒步之士，而求其國治行脩，尤非狹義之財貨之利。義之爲廣義之利，由此可見矣。

㈢義爲公利：義雖爲廣義之利，然不能謂廣義之利卽是義，乃因廣義之利仍有公私之分，廣義之私利不能稱之爲義，唯廣義之公利始可稱之爲義。所謂公利者，卽大多數人之利，充其極，則可謂整個天下人之利也。故曰：

「義，志以天下爲愛（原作芬，依孫詒讓校正。），而能能（下能字卽善也）利之，不必用」（註四一）。

愛整個天下之人，而能善利之，是謂義。則義卽整個天下人之利，亦卽公利也。若只求一人之利，一國之利，或只求少數人之利，少數國之利，是爲私利，故不能稱之爲義，此於墨子反對「竊異室以利其室」，「亂異家以利其家」，「攻異國以利其國」之言辭中可見也（註四二）。

二、義之內容：於確知義之意義之後，當更進而窺探義之內容，卽具體舉出何種事爲義事，何種行爲義行。依墨子書中所明白言及者，義之內容有以下諸端：

其一、爲兼愛：墨子曰：

「欲爲義者，則不可不順天之意矣。曰：順天之意何若？曰：兼愛天下之人」（註四三）。

是明白以兼愛爲義之內容也。

其二、爲非攻：楚欲攻宋，墨子見楚王，勸之曰：

「臣見大王之必傷義而不得」（註四四）。

又公輸子本欲攻宋，經墨子勸說，心服，乃謂墨子曰：

「予我宋而不義，我不爲」(註四五)。

以攻戰爲傷義，爲不義，自必不攻戰始合於義，是又以非攻爲義之內容也。

其三、爲尚賢：墨子曰：

「是故古者聖王之爲政也，言曰：不義不富，不義不貴，不義不親，不義不近。……」(註四六)。

謂古聖王之尚賢，對不義之人，不富、不貴、不親、不近。反之，其對有義之人，則必富之、貴之、親之、近之。尚賢既去避不義，而取就有義，可見尚賢之本身亦爲義事義行也。

其四、爲不苟得：魯問篇所載越王欲以故吳之地方五百里封墨子，墨子因越王不能聽其言用其道而不受，謂不以義糶。是以不苟得爲義之內容也。

以上四端，乃爲說明義之內容所舉之實例，自不足以盡義之全部內容，而僅係義之內容之部分。且就理論上言，以列舉之法，永遠不可能將義之內容完全舉盡，吾人只能概括言之曰：凡合於公利之事物言行，均爲義之內容，除上舉四端外，墨子所講之尚同、節約、生產、尊天、右鬼、非命等，亦均係義之內容之部分(註四七)，即將此處所述各項與上舉四端相加，仍不能作爲義之內容之全部。乃因隨時發現合於公利之事物言行，即可隨時列爲義之內容，發現無窮，義之內容亦必列舉不盡也。

三、如何行義：此包括行義之方法與態度。就方法而言，墨子主張行義應分工合作，各用所長，各盡所能，故治徒娛、縣子碩問墨子爲義之大務，而墨子即答之曰：

「譬若築牆然，能築者築，能實壤者實壤，能欣者欣（王引之云欣睎也，即操表掇以善睎望也），然後牆成也。為義猶是也，能辯談者辯談，能說書者說書，能從事者從事，然後義成也」（註四八）。辯談、說書、從事，均為行義之部分工作，一人頗難兼三者而行之，即勉強兼而行之，亦往往顧此失彼，或至一無所成。蓋人之精力有限，且才能有偏，興趣各異也。故當就其所長，專心致力，然後合衆人之功，而義成矣。此種主張頗似柏拉圖(Plato)之正義(Justice)觀念。柏氏以為在一國家中，每一人做一件最適合於其天性之事，即是正義；換言之，正義即各人履行其個人之職責，而不好事旁鶩（註四九）。然柏氏之說在闡明何為正義，而墨子之說則在闡明如何行義，且二人所講之義根本不同，是不可不知者也。

就態度而言，墨子以為：

一則應言義而必行：墨子使勝綽事項子牛，綽食祿甚厚，不能勸止項子牛侵魯，而三隨之，墨子聞之，乃使高孫子請而退之，並責之曰：

「言義而弗行，是犯明也」（註五〇）。

即謂應言義必行，而不當言行相悖，此乃墨子重力行之一貫精神也。

二則為義不計毀譽：墨子使管黔游（原作激依畢沅校改）高石子於衛，衛君致祿甚厚而不聽其言，高石子去之，然恐衛君以其為狂，墨子乃曰：

「為義非避毀就譽，去之苟道，受狂何傷」（註五一）。

謂凡事苟合於義，卽當行之，而不當計較他人之毀譽也。

三則爲義不求報酬：耕柱篇載巫馬子謂墨子曰：

「子之爲義也，人不見而耶（孫詒讓謂助也），鬼不見而富（王引之謂福也），子爲之，有狂疾。」

而墨子嚴予駁斥。卽謂行義應完全由義務心出發，只爲其當行，而不應附有條件，存心求取報酬。若爲貪求報酬而行義，則義已變質，而不成其爲義矣。蓋義爲公利，而報酬爲私利，貪求報酬，卽求私利，求私利自非義也。

四則爲義不獨善其身：墨子曰：

「天下匹夫徒步之士，少知義，而教天下以義者，功亦多，何故弗言也？若得鼓而進於義，則吾義豈不益進哉」（註五二）？

一人知義行義，雖可有利於天下，然其利終歸有限，故當教不知義者知義，不行義者行義，若天下之人皆能因知義而行義，則利莫大焉。儒家主張於不得志時「獨善其身」（註五三），而墨子則主張無論得志與否。均應兼善天下（註五四），其態度由此可見矣。

墨子以公利爲義，以求公利爲行義，道德與功利一致，乃其學說之一大特點，與儒家將道德與功利截然劃分，單言德而忌言利之意，完全相反，茲不詳爲論述。此處所應討論者爲：行義，就起點而言，純是一種犧牲，至少亦出於犧牲之動機。乃因行義旣在謀公利，而非謀私利，且不求報酬，所作之一切努力，所付之一切代價，均係爲自身外之他人，而非爲自身，如此，自然有益於他人，而有損於自己。然就長遠處言，行義不獨利他，亦且利己。蓋因我行義，他人亦行義，整個天下之人均行義；我行義在求利他，在謀公利，他人行義亦在求利他，在謀公利，整個天下之人行義，皆在求利他，皆在謀公利；且我謀公利，我之利己包括於其中，他人謀公利，我之利亦包括於其中，我雖只求利人、利公，不求利己，利私，然總計之，我仍必得極大之利。且人人交相利之結果，必人人得利。最後，我行義，除得利外，並無犧牲；人人行義，除得利外，亦均無犧牲。故推之終極，義確爲一種切實可行之道德也。

第三節　結　語

墨子倡兼愛、貴義，是以仁（兼愛即仁也。）、義爲社會道德之總目，倫理建設之總綱也。仁必涵利，故將「兼相愛交相利」並舉；義即利，故云「義，利也」，是其講實利主義必有之論調也。然則仁、義既以實利主義貫串之，而皆歸於利，立一名稱不亦足乎？何須立一仁又立一義？既二者分立，其間果有何不同乎？告子以內外分別仁、義，謂仁內也，義外也（註五五），墨者却以爲不然。經下云：

「仁義之爲外內也，非，說在仵（孫詒讓謂當作顛，呂氏春秋高誘註謂顛猶大啎逆也）顏（說文云：顏眉目間也）。」

經說下釋之曰：

「仁（張惠言云此仁字衍），愛也；義，利也。愛利，此也；所愛利，彼也。愛利不相爲內外，所愛利亦不相爲外內，其謂（舊作爲，爲謂古通用。）仁內也，義外也，舉愛與所利也，是狂舉也，若左目出右目入。」

意謂愛利有行愛利之主體，即此也；同時有被愛利之對象，即彼也。愛利由主體發出，達於對象。就主體言，愛利均由此發出，故均屬內；就對象言，愛利均達於彼，故均屬外。以此，仁與義云內，同是內，云外，同是外，若云一內一外，則如由左目出由右目入，是狂舉也。

余意仁義就主體言，同屬內，就對象言，同屬外，固亦可通。然而單就行仁義之主體言，仁較偏於心理，義較偏於行爲，是不可否認者，雖仁不盡屬內，義不盡屬外，但將二者相較，而云仁內義外，仍無不可。此處所引經下及經說下之語，乃墨家後學爲與儒家相抗而設之辯辭，難免有因求取勝而致詭譎之處也。着實言之，仁偏於心理，故謂「仁，愛也」，義偏於行爲，故謂「義，利也」。一道德活動，由心理上言是愛，由行爲上言是利，如忠，由心理上言是愛君，由行爲上言是利君；孝，由心理上言是愛親，由行爲上言是利親。愛是尚未完成之利，利是已經完成之愛，愛利一致，然可作先後之分；仁是利人之心理，義是愛人之行爲，仁義一貫，然可有內外之別。合先後，併內外，始圓滿完美，而可爲一切倫理道德之總綱目也。

所謂以仁義爲倫理道德之總綱目者，意卽一切倫理道德，均以仁義爲其根本，換言之，卽一切倫理道德，均涵於仁義之中，可由仁義引申導出也。乃因仁，愛也，義，利也，任何倫理道德，無非以愛人之心理作利人之行爲，忠也，孝也，節儉也，和平也，莫不如此，只是因其適用之方面不同而有不同之名稱耳。故吾人論墨子之社會道德，舉兼愛、貴義卽已足矣，其他均可由此推衍而得，不必一一論列之也。

兼愛、貴義係墨子所倡之社會道德，吾人以上亦僅就人與人之關係上從事討論。然而墨子之言兼愛、貴義，尚以天志作其超越之根據(註五六)，即人之所以應該兼愛、貴義者，乃因天欲人兼愛、貴義，人若不兼愛貴義，卽是反天意，而應受天罰(註五七)，此義當於下章談天志時詳爲論述，然而此處當申明者，墨子之兼愛、貴義，不獨愛人利人，亦且愛利天鬼。故云：

「若事上利天，中利鬼，下利人，三利而無所不利，是謂天德」(註五八)。

天、鬼、人三者雖均應愛，然當仍以愛人爲根本(註五九)，乃因「天必欲人之相愛相利」(註六〇)，「愛人利人順天之意」(註六一)也。且墨子志在救世，其倡兼愛、貴義之終極目的在成就人類社會，其所言之天也、鬼也，皆係用以助成此一目的之實現者也。

註　一：道德乃發生於人與人之關係中，故凡道德應卽公德，本無所謂私德也。然人之言道德，有着眼於個人之修養者，亦有着眼於羣體之關係者，爲求有所分別起見，前者可姑稱之爲私德，後者可姑稱之爲公德。

註　二：參閱梁啓超著子墨子學說第三章第二節，頁三一。

註　三：兼愛上篇。

註　四：兼愛中篇。

註　五：兼愛下篇。

註　六：文見墨子經上，註見楊寬墨經哲學德行論第二，一、論道德，頁四五。

註　七：孫詒讓墨子閒詁大取篇，頁二四六註語。

註　八：見大取篇。
註　九：同上。
註　十：同上。
註十一：墨子經說上。
註十二：同註五。
註十三：均同上。
註十四：均同上。
註十五：參閱梁啓超著墨子學案第二章，頁一〇——一一。
註十六：同註八。
註十七：同註五。
註十八：非命上篇。
註十九：非命上云：「故言必有三表，何謂三表？子墨子言曰：有本之者，有原之者，有用之者。於何本之？上本之於古者聖王之事；於何原之？下原察百姓耳目之實；於何用之？廢（發也）以爲刑政，觀其中國家百姓人民之利。」即其三表之法也。
註二十：同註四。
註二十一：墨子經下。
註二十二：墨子經說下。
註二十三：同註二十一。

註二十四：同註二十二。
註二十五：同註二十一。
註二十六：小取篇。
註二十七：胡適墨子小取篇新詁解「愛盜非愛人」，「殺盜非殺人」等處，謂「非」字不當解爲「不是」，而當解爲「異於」。以爲「如此措辭，則一切無謂之爭，皆可息矣。」其實將非字解爲「不是」或「異於」，對文義並無大影響也。其文載胡適文存第一集，二，頁二八〇。
註二十八：同註二十六。
註二十九：同註五。
註三　十：參閱陳問梅「愛的社會之實現原則」一文：載民主評論十四卷十四期（後收入墨學研究一書中）。
註三十一：論語學而篇曰：「……汎愛衆而親仁，……」是此處所用汎愛一語之根據。
註三十二：見禮運大同篇。
註三十三：孟子離婁上篇。
註三十四：中庸第二十章。
註三十五：同註四。
註三十六：梁啓超先秦政治思想史第十章，頁一一七。
註三十七：梁啓超墨子學案第二章，頁一一亦有類似說法。
註三十八：耕柱篇。
註三十九：貴義篇。

註四十：太虛法師墨子平議頁三七—三九，即太虛大師全書頁四四六—四四八。

註四十一：同註十一。

註四十二：同註三。

註四十三：天志下篇。

註四十四：公輸篇。

註四十五：魯問篇。

註四十六：尚賢上篇。

註四十七：因墨子談兼愛、非攻、尚賢、尚同、節用、節葬、天志、明鬼、非命等問題時，均係以利與不利判其是非也。

註四十八：耕柱篇。

註四十九：Plato's The Republic (Translated into English by B. Jowett, M.A. 臺灣翻印本)，Book IV. P.147.

註五十：同註四十五。

註五十一：耕柱篇。

註五十二：同註四十五。

註五十三：孟子盡心上篇曰：「窮則獨善其身，達則兼善天下。」

註五十四：墨子不像孔子般主張「不在其位，不謀其政。」雖出身微賤，終生未仕，然仍熱心救世，努力行義，止攻戰，助守禦；不計名位，與人為善。又觀其勸魯之耕者吳慮不當隱身獨耕（魯問篇），可見其主張無論得志與否，均應兼善天下矣。

註五十五：告子曰：「仁，內也，非外也；義，外也，非內也。」（見孟子告子上篇）。

註五十六：參閱民主評論十四卷十四期陳問梅撰「愛的社會之實現原則」一文。

註五十七：天志上、中、下各篇皆有此意。

註五十八：天志下篇。

註五十九：同註五十六。

註　六　十：法儀篇。

註六十一：天志中篇。

第六章　國民宗教（心理建設）

墨子爲實現其政治主張，而建立社會道德，倡兼愛、貴義，已於前章言之。然人非性善（註一），道德力量有時而窮，故更創設國民宗教，藉天、鬼力量以爲之助。乃因「宗教、道德二者，對個人，都是要人向上遷善；然而宗教之生效快，而且力大，並且不易失墜，對社會，亦是這樣」（註二）。盧梭（Rousseau）主張於國家之內創設宗教，藉信仰之力，使國民忠於國家，樂盡義務（註三）。墨子倡宗教之意與盧梭同，皆欲以一種神秘力量，控制人之心理，以推動道德之實踐，助成政治理想之實現。故吾人可稱之爲國民宗教，亦可稱之爲心理建設也。

墨子之宗教以尊天、右鬼、非命爲主旨，故其書中有天志、明鬼、非命諸篇。以下先分別申述其義，然後綜合之，以察其關係，理其系統，評其得失利弊矣。

第一節　天　志

墨子宗教之第一義諦曰天志，我國諸子皆言天，然意謂不同。孔子所言之天有多種意義，其一、言「天厭之」（註四），「欺天乎」（註五）？「天喪予」（註六），「天之將喪斯文也，……天之未喪斯文也」（註七），是以天爲人格化之本體或實體存在；其二、言「唯天爲大」（註八），則以天近於自然哲學或道德哲學中所稱之客觀之最高存在；其三、言「知天命」（註九），「畏天命」（註一〇），是指最高存在所函具之主觀指導原則；其四、言「天何言哉？四時行焉，百物生焉」（註一一），則是指天之運行程序（註一二）。其所言之第一種及第二種天，雖似一人格化之神，然仍與各宗教中之上帝不同。其他二種更無論矣。老子言「天地不仁，以萬物爲芻狗」（註一三），「王法地，地法天，天法道，道法自然」（註一四），均係以天爲無知覺無情意之自然現象。荀子謂「天行有常，不爲堯存，不爲桀亡；應之以治則吉，應之以亂則凶；彊本而節用，則天不能貧；養備而動時，則天不能病；修道而不貳，則天不能禍」（註一五）。則更是以天爲自然現象，無知覺情意，不能施人以吉凶禍福也。

而墨子所言之天，則是一有知覺情意之人格神，與一般宗教中之上帝實無二致，觀其以「天志」名篇可知矣（註一六）。乃因天具有以下之本質與特性：

其一、天爲全知全能：墨子云：

「若處家得罪於家長，猶有鄰家所（所者處所也。下同。）避逃之；……處國得罪於國君，猶有鄰國所避逃之；焉而（上兩字衍）晏日焉（謂光天化日之下也）而得罪，將惡避逃之？曰：無所避逃之，夫天不可爲林谷幽門（孫詒讓謂門當爲閒）無人，明必見之」（註一七）。

又云：

「……今人皆處天下而事天，得罪於天，將無所避逃之者矣」（註一八）。

天無所不知，無所不能，人有罪行，雖藏於極隱蔽幽微之處，天亦必明察無遺，雖逃於僻遠無人之地，亦脫不掉天之處罰。可知天與一般宗教中之上帝同樣全知全能也。

其二、天爲宇宙之創造者：墨子述之曰：

「以磿爲日月星辰（王引之云磿卽曆，磿爲日月星辰，卽歷離日月星辰也），以昭道之；制爲四時春秋冬夏，以紀綱之；雷（王引之云雷當爲賈，賈者隕也）降雪霜雨露，以長遂五穀麻絲，使民得而財利之；列爲山川谿谷，播賦百事，以臨司民之善否；爲王公侯伯，使之賞賢而罰暴；賊（賦也）金木鳥獸，從事乎五穀麻絲，以爲民衣食之財。自古及今，未嘗不有此也」（註一九）。

萬物莫不由天而來，日月星辰爲天所安排，春夏秋冬爲天所制定，霜雪雨露爲天所隕降，以至於五穀麻絲，山川谿谷，金木鳥獸，乃至王侯公伯，皆爲天所長所設。日月星辰，春夏秋冬及霜雪雨露，爲宇宙之結構及運行變化；五穀麻絲，山川谿谷及金木鳥獸，爲宇宙間之動、植、礦物；王侯公伯，則是宇宙間之人事現象。凡此皆由天而來，爲天所造，天自然是宇宙之創造者。

其三、天具有德性：天不獨全知全能，且具有德性；亦可謂天除全知全能之外，亦且全德。故云：

「天之行廣而無私，其施厚而不德，其明久而不衰，故聖王法之」（註二〇）。

「天之行廣而無私」，謂天之恩惠普及於萬物而無所偏遺，是指天德之普遍性而言；「其施厚而不德」，謂天予萬物之恩惠雖厚，然不自以爲有德，依老子「上德不德」（註二一）之意解之，則爲一種最高之道德，是指天德之最高性而言；「其明久而不衰」，謂天德之光輝不受時間之影響，是指天德之永恒性而言。天具有普遍，最高與永恒之德性，故「聖王法之」。

其四、天爲天下最高之統治者：天不獨創造宇宙，且統治天下，而爲天下最高之統治者。故天志下云：

「是故庶人不得次己（次，即也，即己，依己意也）爲正（並作政。）有士正之；士不得次己爲正，有大夫正之；大夫不得次己爲正，有諸侯正之；諸侯不得次己爲正，有三公正之；三公不得次己爲正，有天子正之；天子不得次己爲政（依上文亦應爲正。），有天正之。」

政治組織由庶人而士，而大夫……逐層而上，以天爲最高層，將天列於政治組織之系統中，可見天亦爲政於天下，是天下最高之統治者。

天既是一有知覺有情意之人格神，然則天意究竟如何？亦即天對世人之態度如何？其希望於世人者又如何？簡言之，天兼愛、貴義，亦希望世人兼愛、貴義。

基督教徒常曰「神愛世人」，墨子則謂天愛世人。天志中篇云：

「今夫兼天下而愛之，撽（撽應爲邀）遂萬物以利之，若豪之末，非天之所爲也（非上應有莫或無字），吾所以知天之愛民之厚者有矣。……」

謂天愛世人，故生養萬物，以供世人之用，世人日常之所需所享，無分巨細，均係得之於天。此頗與基督教徒於用膳時輒曰：「感謝上帝賜我飲食」，於就寢時輒曰：「感謝上帝賜我安息」，認一切皆來自上帝之恩賜者相似。然墨子恐單言天愛世人，不足以使人信服，乃進而舉證以明之，其證有二：

一為天兼天下而食之，故必愛天下之人。何以知之？乃因楚王食於楚之四境之內，故愛楚人；越王食於越之四境之內，故愛越人；今天下之人，莫不以牛羊犬彘、粢盛酒醴以祭祀於天，是天兼天下而食之，天下之人皆為天之臣民，天豈能不愛之哉(註二二)？

二為由人與人相殺，天必予之不祥，亦可知天必愛天下之人。乃因殺不辜者人也，予之不祥者天也；若天不愛世人，何故予殺人者以不祥耶(註二三)？

以上是言天之兼愛。次言天之貴義，天志中篇曰：

「今天下之君子欲為仁義者，則不可不察義之所從出，……然則義何從出？……然則義果自天出。」

義既自天出，可知天必貴義。何以知義自天出？乃因義必自貴且智者出，不自愚且賤者出，天下最貴最智者莫若天子，而天可對天子行賞罰，可知天較天子尤為貴而且智，是故義必自天出，由義自天出，即可進而推定天必貴義(註二四)。

墨子所舉以證明天之兼愛、貴義之理由，顯然不够堅實充分。其所舉以證明天之兼愛之第一理由，謂楚王食於楚之四境之內，越王食於越之四境之內，雖屬事實，然謂楚王即因此而愛楚人，越王即因此因愛越人，則不無疑問。是大前提已不可靠矣。至於以人皆以牛羊犬彘、粢盛酒醴祭祀於天，是天兼天下而食之，作小前提，亦不可靠。大前提與小前提既均不可靠，由此而推得之天必兼愛天下之人之結論，自難保正確。其所舉以證明天之兼愛之第二理由中，人與人相殺天必予之不祥一命題，既不能以先驗判斷證其爲眞，亦無法以經驗判斷證其爲眞，豈可由此以推論天必兼愛世人？即令此一命題爲眞，亦不能謂其與天之兼愛世人一事有必然之聯結關係。至其以天可對天子施賞罰以證明天貴且智於天子，以天之貴且智證明義必自天出，無論就邏輯言，或就經驗言，均難謂其正確。墨子主張以本之、原之、用之爲立言之三表，本極高明，然其實際運用之時所本者未必眞爲古者聖王之事，所原者未必眞爲百姓耳目之實，所用者未必眞爲國家刑政。其所本所原所用者，實多爲其本人之構想或假設。因而其言論雖用三表，而仍多不夠堅實圓滿之處。然若變換一種態度，以另一種眼光觀之，吾人大可只問其主張對社會國家可能發生之作用如何，而不必斤斤於推敲其理由是否正確。尤其若將其主張視爲一種教義，則根本不能以分析之法問其眞實不眞實，而只能以直覺判斷問其應該不應該，苟屬應該，即當信之行之矣。吾人常見基督教之傳教士教人信上帝而不要問理由，蓋宗教本有神秘色彩，苟以分析之法，探其究竟，撥其神秘，則宗教之力量將完全消逝，而不復成其爲宗教矣。

天既兼愛、貴義，自亦希望世人能兼愛、貴義。故天志上云：

「當天意不可不順，順天意者，兼相愛交相利。」

是謂天希望世人兼愛也。天志上又云：

「天欲義而惡不義，然則率天下之百姓以從事於義，則我乃爲天之所欲也。」

是謂天希望世人貴義也。

然則世人如何兼愛、貴義？亦卽兼愛、貴義由何表現？由消極方面言之，須不相互攻伐虧害，故天志中篇云：

「天之意，不欲大國之攻小國也，大家之亂小家也，強之暴寡，詐之謀愚，貴之傲賤。」由積極方面言之，須努力從事，彼此相助。故天志中篇繼云：

「欲人之有力相營，有道相教，有財相分，又欲上之強聽治，下之強從事也。」人不相互攻伐虧害，則天下和平；努力從事，彼此相助，則富足和睦。此正墨子所期望者，亦是墨子奔走鼓吹，瘁心勞力以求其實現之政治理想也。

然而人應從事於兼愛、貴義，不僅是天對人之希望，亦是天所課於人之義務。因而能行兼愛、貴義者，固是順天之意，天必賞之；不行兼愛、貴義者，則是反天之意，而天必罰之。卽天對人有賞罰之權威，視人之行爲是否順天之意以行賞罰也。故天志上云：

「順天意者，兼相愛、交相利，必得賞；反天意者，別相惡，交相賊，必得罰。」所謂順天之意，兼相愛，交相利，卽是爲天之所欲；反天之意，別相惡，交相賊，卽是爲天之所不欲。人爲天之所欲，天亦必爲人之所欲；人爲天之所不欲，天亦必爲人之所不欲。故云：

「我爲天之所欲，天亦爲我所欲」（註二五）。

「然有所不爲天之所欲，而爲天之所不欲，則夫天亦且不爲人之所欲，而爲人之所不欲矣」（註二六）。

人之所欲者，福也；人之所不欲者，禍也。故人若爲天之所欲，則天予人以福；人若爲天之所不欲，則天予人以禍。故曰：

「愛人利人者，天必福之；惡人賊人者，天必禍之」（註二七）。

天之予人以福，予人以禍，卽對人行賞罰，以勵人行兼愛、貴義，亦卽戒人之相互攻伐虧害，而勉人之努力從事，彼此相助也。

天之兼愛、貴義，卽其德性之表現；天之欲人兼愛、貴義，而依人之行爲以施賞罰，卽其全知全能之表現。天旣具有德性，且又全知全能，因而天或天志乃成爲一最高之法則，一切事物之是非善惡，均以天或天志衡斷之。法儀篇云：

「故父母、學（師也）、君三者，莫可以爲治法。然則奚以爲治法而可？故曰莫若法天。」

卽爲以天或天志爲最高之法則也。天志中篇云：

「故子墨子之有天意也，上將以度天下之王公大人爲刑政也，下將以量天下之萬民，爲文學出言談也。觀其行，順天之意，謂之善意行，反天之意，謂之不善意行；順天之意，謂之善言談，反天之意，謂之不善言談。觀其刑政，順天之意，謂之善刑政，反天之意，謂之不善刑政。故置此以爲法，立此以爲儀，將以量度天下之王公大人卿大夫之仁與不仁，譬之猶分黑白也。」

卽謂對當政者之治國施政，對平民之行爲言談，皆以天志衡斷之，合於天志者爲是，爲善，不合於天志者爲非，爲惡也。

墨子以天或天志爲最高之法則，以衡斷人間之事，則是將人間之法則置於天上，而非置於地上，亦非置於人之心中。就好處言，是爲世界建體立極（註二八），以天作爲一客觀之神聖存在，以天志作爲一絕對之普遍律令，爲道德實踐建一超越之根據，爲政治理想立一超越之保障，使人於現實世界之上，尙有一超越之憑依。就壞處言，則是一種神道設教，一種陳舊之神權政治思想（註二九），無甚高論。

或以爲墨子所謂之天志，實卽指民意而言，其主張順天之意，實卽主張尊重民意，因當時不敢直言民意，故託之天意（註三〇）。實則所謂天志，卽墨子本人之意。何以知之？蓋墨子主張兼愛、貴義，天亦兼愛、貴義，且希望世人兼愛、貴義，不欲人之相互攻伐虧害，而欲人之努力從事，彼此相助。是天以墨子之主張爲志，故天志卽墨子之意也。墨子創造一全知全能而且有德性之天，又將其本人之主張託之於天，無非想藉神秘之力，控制人之心理，以求其主張易於實行也。

第二節 明鬼

墨子明鬼之主要動機，亦在欲藉鬼神之神秘力量，以去亂致治，而實現其政治主張也。墨子以爲當權爲政之人，當特別重視鬼神之有無問題，明察信有鬼神與不信有鬼神之利弊得失。其本人自然相信信有鬼神之有利，而不信有鬼神之有害也。蓋其認爲當時天下大亂，倫理失墜，道德淪喪，攻戰爭奪隨時而有，偷竊搶刼到處發生，其根本原因，乃在於人之不信鬼神，不明鬼神之能賞賢罰暴。設若天下之人皆信鬼神爲實有，皆信鬼神之確能賞賢罰暴，則天下必不至若當時之亂也（註三一）。

墨子既認爲信鬼神有利，不信鬼神有害，而欲人皆信鬼神，自必進而證明鬼神爲實有，以堅定人之信仰。其證明鬼神爲實有之途徑有三：

其一、以衆人之見聞證之：墨子歷舉生民以來嘗見鬼神之物，聞鬼神之聲音，如周宣王之於杜伯，秦（原作鄭誤）穆公之於句芒，燕簡公之於莊子儀，宋文君之於祝觀辜，齊莊公之於王里國、中里徼等，以證明鬼神之爲實有。

其二、以古者聖王之事證之：古者聖王，其賞也必於祖，其僇也必於社，武王攻殷伐紂，使諸侯分祭，以及三代置宗廟，重祭祀等事，可證鬼神之實有。設鬼神非爲實有，賞何必於祖，罰何必於社，何爲而分祭，又何爲而置宗廟重祭祀哉？

其三、以古書之記載證之：墨子以爲周書、大雅、商書、夏書等古籍中所載有關鬼神之事，亦可證明鬼神之爲實有也（註三二）。

梁啓超以爲墨子以上所舉以證明鬼神之爲實有者，名雖爲三，實則只是一事，即經驗論而已也（註三三）。然墨子所依據者，並非直接之經驗，而均係間接之經驗；並非自己之經驗，而均係他人之經驗；且此諸他人之經驗，又均係由傳說或記載而得知，而非得知於經驗者之親自稱述也。以是其可靠性必極薄弱，而墨子竟視爲當然可靠，以之證明鬼神之實有，誠如韓非子所云：「無參驗而必之者，愚也；弗能必而據之者，誣也」（註三四），墨子倡三表之法，本重立言證據，而談及鬼神，竟愚且誣至此，異哉！更進一步言之，墨子所據之經驗，實已不能算是經驗，僅是傳說記載而已。以重視立言證據如墨子者，其立言亦以傳說記載爲據，能不令人以爲怪哉？然如吾人討論天之兼愛、貴義時所言，若能換一種態度，以另一種眼光觀之，將其視爲宗教問題，而不視爲知識問題，則可不必分析推敲，以窮追其證據之可靠與否，只問其對道德政治所發生之作用可也。雖然，余仍以爲墨子若舍其經驗論，而從人之良心直覺上談鬼神之事，當更易圓通近理，切實而少漏洞也。王充謂：「故是非者，不徒耳目，必開心意，墨議不以心而原物，苟信見聞，則雖效驗章明，猶爲失實」（註三五）。是誠然也。

然則何謂鬼？墨子雖以明鬼名篇，然書中多以鬼神連稱，亦有時單稱鬼（如「有人死而爲鬼者」），有時單稱神（如「句芒之神」）。是鬼與神無有分別，可成爲一辭，合稱之爲鬼神，單稱之謂鬼或神。鬼神、鬼、神，名稱雖三，其實則一，乃汎指各種神，各種鬼而言也（註三六）。故墨子云：

「古之爲鬼者，非他也，有天鬼，亦有山川鬼神，亦有人死而爲鬼者」（註三七）。

吾人由此處所引數語中，可見出兩層意義，一爲墨子所謂鬼係天鬼、山川鬼神、人鬼等各種鬼神之統稱，其相信有如此多之鬼神，故是一種多神主義。然此種多神主義並非爲墨子所首倡或有意設計，而係吾國先民鬼神觀念之承襲（註三八），不過當時對鬼神之信仰已漸動搖，墨子重新加以肯定擁護而已（註三九）。二爲此處墨子所稱之天鬼，卽天神，天神是否卽是天？抑或是另一種神？墨子所謂之天，係一最高之主宰，且對於天之見解，已有天志篇詳爲論述，若天神卽是天，則今又於明鬼篇中將天雜於其他鬼神中一併討論，似不甚妥當。由此可見墨子談宗教問題時其觀念之模糊及系統之混亂，亦是其缺點之一也。

諸鬼神之地位，乃在天之下，在人之上，介於天與人之間。陳問梅以爲除不辜而死之鬼神可直接報復外，其他重大事故，鬼神當係奉天之意旨以行賞罰(註四〇)。太虛法師以爲「明鬼一篇，則從天志篇演出者」(註四一)，其理由或卽在此。余則以爲鬼神見行善爲惡者，亦得逕行賞罰，未必待天之命令也，墨子嘗謂：

「上利乎天，中利乎鬼，下利乎人」(註四二)。

由此數語，卽可證鬼神之地位介於天與人之間也。又句芒神謂秦(原作鄭誤)穆公曰：

「帝享女明德，使予錫女壽，十年有九，使若國家蕃昌，子孫茂，毋失秦(原作鄭誤)」(註四三)。

由此又可知鬼神係奉天之意旨以行賞罰矣。然明鬼下篇屢云鬼神能賞賢罰暴，而未言其必奉天之指示，可見鬼神亦可不待天之命令而逕行賞罰矣。鬼神雖可逕行賞罰，不過大體言之，鬼神當以天志爲志，順天之意而行，乃因其地位在天之下也。

鬼神之所以能行賞罰者，以其全知全能，且具有德性也。明鬼下篇云：

「鬼神之明，不可爲幽間、廣澤、山林、深谷，鬼神明必知之。」

又巫馬子問墨子鬼神與帝王相比，何者較爲明智，墨子答曰：

「鬼神之明智於聖人(案聖人卽帝王)，猶聰耳明目之於聾瞽也。……使聖人聚其良臣，與其桀(傑也)相而謀，豈能智數百歲之後哉？而鬼神智之。……」(註四四)。

鬼神之明，雖極隱蔽幽微之處，亦能知之；鬼神之智，雖數百歲之後，亦能知之，其明智遠超過帝王，可見鬼神爲全知也。明鬼下篇云：

「鬼神之罰，不可爲富貴、衆強、勇力、強武、堅甲、利兵，鬼神之罰必勝之。」

富貴、衆強、勇力、強武、堅甲、利兵，均非鬼神之敵，均不能抗拒鬼神之罰，可見鬼神爲全能也。

又明鬼下篇數處言鬼神之「賞賢罰暴」，是可證明鬼神之具有德性也。蓋賞賢者必尚賢，罰暴者必惡暴，而尚賢惡暴，非有德性者不能，且賞賢罰暴，卽是順天之意，順天之意亦是德性也。或謂不辜而死者之鬼神，爲報私仇而致人於死，豈能謂其爲有德性？誠然，報私仇確不能爲有德性。如此吾人豈非當謂鬼神有具德性者，有不具德性者？墨子於此處又陷入混亂矛盾之中矣。然吾人亦可強爲之解釋曰：殺不辜者，暴也，不辜而死者之鬼神致殺彼者於死，雖係爲私報仇，亦是爲公除暴，爲公除暴，自是行善，行善卽是德性，且爲公除暴必合於天之意，合於天之意者亦是德性，故仍可謂其爲有德性也。

然鬼神之地位終在天之下，較天爲低，故不能與天同樣成爲宇宙之創造者與最高之統治者，且所謂鬼神全知全能，乃對人而言，非對天而言也；所謂鬼神具有德性，乃因其以天志爲志，能體天心，順天意也。

鬼神旣全知全能，具有德性，又操賞罰之權，以賞賢罰暴，則人必因畏鬼神之罰而不敢爲惡，因欲鬼神之賞而努力行善。如此，淫亂、偷竊、搶刼之事，必無由發生，且官吏廉潔，政治修明，天下因之而大治。故鬼神之教，「實所以治國家利萬民之道也」(註四五)。

墨子既以鬼神爲實有，自當注重祭祀。或以爲墨子講節約，又注重祭祀，豈非矛盾？然墨子認爲祭祀並非浪費，乃因衡諸實利主義，祭祀有以下之益處：

第一、揆諸常理，先生者先死，故鬼神之中必有若干爲自已亡故之父母兄姒等長輩，祭祀乃備酒醴粢盛之財，以供父母兄姒等長輩之享用，豈非厚利哉(註四六)？

第二、祭祀不獨可以酒醴粢盛之財供已故之長輩享用，且可合驩聚衆，內則宗族之親，外則鄉里之鄰，皆聚集一處，一方面可食用供祭祀之酒醴粢盛，一方面又可藉機交換意見，增進感情。故祭祀不獨有益於鬼神，亦且有益於生人，有益於人世之道德政治。一舉而有數得，何故而不爲也(註四七)？

「道家老子莊子，顯然具有無神論及唯物論機械論之論調」(註四八)，當然不信鬼神，亦不重祭祀。儒家孔子雖「不語怪力亂神」(註四九)，却云「敬鬼神而遠之」(註五〇)，「言語間模棱含糊，其神好像存在於主觀而止」(註五一)。雖然孔子仍頗注重祭祀，不過其祭祀之目的在收感化教育之功，而並非認鬼神爲實有，備酒醴粢盛以供鬼神之享用也。所謂「祭如在，祭神如神在」(註五二)，即可充分表現其對鬼神之態度也，故墨子非之曰：

「執無鬼而學祭禮，是猶無客學客禮也，是猶無魚而爲魚罟也」(註五三)。

孔子不信鬼神爲實有，而注重祭祀，墨子則以爲注重祭祀，必信鬼神爲實有。實則孔墨所重視者，均在祭祀對人世之作用，而非在鬼神之是否實有，即墨子本人亦未必眞心相信鬼神之必爲實有也

(註五四)，不過孔子之主張宜行於知識份子之間，墨子之主張宜行於無知平民之間耳。而墨子所以堅持注重祭祀必信鬼神之爲實有者，或與其出身於平民有關也(註五五)。

墨子既主張節葬，又倡明鬼，王充以爲是首尾相違，前後矛盾，故非之曰：

「墨家之議，自違其術，其薄葬而又右鬼，……夫死者審有知而薄葬之，是怒死人也，……如以鬼非死人，則其信杜伯非也；如以鬼是死人，則薄葬非也。術用乖錯，首尾相違」(註五六)。

實則墨子節葬之論與其明鬼之說，並不矛盾，其理由有二：

一爲欲節葬必先明鬼，既明鬼則自然節葬，節葬實由明鬼而來。故近人夏曾佑曰：

「儒家以君父爲至尊無上之人，以人死爲一往不返之事，(無鬼神，則身死而神亦死矣)；以至尊無上之人，當一往不返之事，而孝又爲政教全體之主綱，喪禮烏得而不重？墨子既欲節葬，必先明鬼，(有鬼神，則身死猶有其不死者存，故喪禮可殺。……)」(註五七)。

二爲墨子主張節葬，其所尊之鬼亦必主張節葬，主張節葬之鬼，必不贊成厚葬也，故梁啓超曰：

「因墨家所尊之鬼，必其生前主張節用者，則死而薄葬之，鬼必不怒」(註五八)。

總之，墨子明鬼之說，問題頗多，然吾人若能設身處地，承認墨子之基本立場，以墨子之觀點度之，其問題亦皆可冰釋矣。

第三節　非　命

一般之所謂命，卽凡事前定，不可改變之謂。故命與力相對待，二者不能並存(註五九)。有命之處，力則不得立足，力不能達到之處，則爲命之營地。於是持有命說者，必反對力行說，持力行說者，必反對有命說。墨子主張力行，故對有命說大加反對，以爲「執有命者不仁」，「是覆天下之義」(註六〇)，乃因執有命者之言曰：

「命富則富，命貧則貧，命衆則衆，命寡則寡，命治則治，命亂則亂，命壽則壽，命夭則夭命此下有稅文，雖強勁何益哉」(註六一)？

貧富、衆寡、治亂、壽夭，均由命定，不可改變，若命爲貧、寡、亂、夭，雖努力從事，亦不得富、衆、治、壽；若命爲富、衆、治、壽，雖怠惰淫暴，亦不至貧、寡、亂、夭。如此，則人必流於怠惰淫暴，而不肯努力從事矣。其結果：

第一、道德敗壞：非命上篇云：

「執有命者之言曰：上之所賞，命固且賞，非賢固賞也；上之所罰，命固且罰，不暴故罰也。是故入則不慈孝於親戚，出則不弟長於鄉里，坐處不度，出入無節，男女無辨；是故治官府則盜竊，守城則崩叛，君有難則不死，出入則不送。……以此爲君則不義，爲臣則不忠，爲父則不慈，爲兄則不良，爲弟則不弟。」

賞罰既由命定，而非由於人之爲賢爲暴，則人必不努力爲賢，亦必不力避爲暴，於是孝弟忠信及各種儀節，均將蕩然無存。

第二、政治大亂：墨子曰：

「今雖無在乎王公大人，蕢（俞樾云蕢為藉字之誤，藉猶假如也）若信有命而致行之，則必怠乎聽獄治政矣，卿大夫必怠乎治官府矣。……王公大人怠乎聽獄治政，卿大夫怠乎治官府，則我以為天下必亂矣」（註六二）。既信有命，自然會怠於聽獄治政，怠於治官府。既怠於聽獄治政，怠於治官府，則政治安得而不亂耶？

第三、經濟貧窮：墨子又曰：

「農夫必怠乎耕稼樹藝矣，婦人必怠乎紡績織紝矣，……農夫怠乎耕稼樹藝，婦人怠乎紡績織紝，則我以為天下衣食之財，將必不足矣」（註六三）。

「命富則富，命貧則貧」之觀念深入人心，則人們必怠於耕耘紡織，不耕則無食，不織則無衣，至於無衣無食，是眞貧窮也矣。

墨子反對有命之說，乃因有命之說行，將導致道德敗壞、政治大亂及經濟貧窮之後果。然則命果有乎？果無乎？若果無命，執有命者，徒以邪說蠱惑人心，妨礙從事，自當非之；若果有命，雖其所導致之後果對人不利，然既已有之，即非之亦有何用？故墨子既非命，則必證明命本無有，貧富、衆寡、治亂、壽夭，全由力所決定。其所用以證明者，即其三表之法。

其一、上本之於古者聖王之事：桀為王，天下大亂，湯代之而治；紂為王，天下大亂，武王代之而治。時代環境與人民均未嘗變，然桀紂為王則天下亂，湯武為王則天下治，可見義人在上，天下必治，不義人在上，天下必亂，治亂決於力而非由命定者明也。且考諸先王之書，憲、刑、誓中，均無有關命之記載，可見本無命矣（註六四）。

其二、下原察百姓耳目之實：凡天下事物，有見之者，有聞之者，謂之有；無見之者，無聞之者，謂之無。然自古及今，生民以來，無人曾見命之物，聞命之聲，即考之於諸侯之傳言流語，自古及今，生民以來，亦未嘗有人見命之物，聞命之聲，足證命本無有矣（註六五）。

其三、發以為刑政，觀其中國家百姓人民之利：王公大人之所以早朝晚退，聽獄治政，謹慎從事者，乃因其以為努力必治，不努力必亂，努力必安，不努力必危。卿大夫之所以竭盡智能，開源節流，勤勉不怠者，因其以為努力必貴，不努力必賤，努力必榮，不努力必辱。以至農夫婦人之所以謹慎勤勉，以從事於耕織者，亦因其以為努力必富足飽暖，不努力必貧窮飢寒。事實上亦確係如此（註六八）。由此亦可見力決定一切，命無存在之餘地矣。

墨子所舉諸證中，一、三兩證大致可用。第二證以自古以來無人見命之物，聞命之聲者，以證明命本無有，則逕是詭辯。乃因世間事物，本有無形無聲者，絕不可因不能見不能聞而謂其必無也。當然吾人可為墨子辯解曰：所謂命之物命之聲者，乃命所顯現於事物中之跡象也；所謂無人見命之物，聞命之聲者，即未嘗見聞世上有全由命定而不能由力改變之事物也。然如此，吾人之辯解或又成為牽強附會。雖然，有一、三兩證，用以駁斥有命說已足矣。

依墨子之意，世間只有力，絕無命。然則有命說何由而產生？何以而流行？墨子以為有以下二因：

第一、暴王作之：即以三代暴王而論，桀紂幽厲，貴爲天子，富有天下，不獨不競競業業，勤勉謹愼，以治理國家，安撫百姓，反而縱其私欲，不加節制，外則馳騁田獵，內則荒於酒色，以至於失其宗廟，不自譴自訟，而藉曰「命固如此」，以卸其責。

第二、窮人術（同述）之：不肖之民，不修身行善，不努力節儉，勤勉生產，而懶散怠惰，奢侈浪費，以至於衣食之財不足，陷於飢寒凍餒之境，不自譴自訟，遂學桀紂幽厲等暴王，藉曰：「命固如此」，以諉其過（註六七）。

墨子以有命說之產生與流行，由於「暴王作之，窮人術之」，眞是一針見血之論，從人性深處，挖出有命說之根柢。試更推衍其義：當權有勢之人言命，意卽告諸下民曰：我命該有權有勢，爾等當聽從統治，不可有反抗之意。豪富顯貴之人言命，意卽告諸窮人曰：我命該大富大貴，爾等當安於貧賤，不可有不平之心。甚至暴君虐民，豪強欺人，亦皆藉言命，而告人民曰：爾等命該受虐，爾等命該被欺。至於一般愚夫愚婦，貧賤細民言命，則是在求自我安慰，曰：我命該如此，不敢強求。待當權有勢之人失其權勢，豪富顯貴之人失其富貴，亦必不歸咎於自身之怠惰淫暴，而必曰：命該如此。總之，人之言命信命，其動機有三：一爲使自己之地位合理化，二爲推諉過失，三爲自我安慰。凡此，皆係心理學中所謂之不良適應(maladjustment)（註六八）。故持有命說者，實在藉命以自欺欺人，而非眞有命也。

墨子非命，除斥責古之暴王與不肖之民外，亦以儒家爲倡有命之說，因而非之。墨子謂程子曰：

儒家之道，足以喪天下者有四，其中之一即：

「以命爲有，貧富壽夭，治亂安危有極（常也）矣，不可損益也」（註六九）。

又非儒家執有命之說曰：

「壽夭貧富安危治亂，固有天命，不可損益；窮達賞罰幸否，有極，人之知（同智），不能爲焉，羣吏信之，則怠於分職；庶人信之，則怠於從事。吏不治則亂，農事緩則貧，貧且亂，倍（依孫詒讓意增）政之本，而儒者以爲道教，是賊天下之人者也」（註七〇）。

儒家固常言命，如孔子曰：「不知命，無以爲君子」（註七一），「五十而知天命」（註七二），「畏天命」（註七三）。然此諸命乃指天賦人之最高理極，亦即理性之終極準則，與一般所謂命之意義不同。至曰：「亡之，命矣夫」（註七四）！「道之將行也歟，命也！道之將廢也歟，命也」（註七五）！此諸命雖與一般所謂命之意義相同，然此等語句，乃孔子感歎之辭，係心情不甚平靜時所發，故不足爲據，且孔子之態度爲：「知其不可而爲之」（註七六），可知其不主張凡事前定，不可損益，而主張克盡人力，勤勉從事也。其他大儒，如孟子，則曰「強爲善」（註七七）；如荀子，則主「天人之分」（註七八）。故若以孔、孟、荀代表儒家，則墨子以非命攻儒，幾如無的放矢矣（註七九）。不過墨子既非命，可想見其時有命說必甚流行，且唱有命說者，或多爲陋儒，而此諸陋儒所唱之有命說，亦或由孔子所言之命附會引申而成。如此言之，墨子以非命攻儒，並非全無道理。此其一也。又墨子以爲善必得賞，惡必得罰，節儉勤勉必富必治，浪費怠惰必貧必亂，極爲肯定。而儒家則原則上認善應得賞，惡應得罰，節儉勤勉當富當治，浪費怠惰當貧當亂，然並非絕對。事實上善未必盡得賞，惡未必盡得罰；可能有節儉勤勉而仍不富不治者，亦可能有浪費怠惰而仍不貧不亂者。個人只應盡其在已，「若夫成功則天也」(註八〇)，墨子非儒，或即在嫌儒家之態度不够積極。此其二也。儒墨二家相較，墨子偏重效果，就實利觀點言之，其說固大有裨益；儒家偏重動機，雖未必盡合實利原則，然於安頓良心，修養品性，亦有其不可忽視之價值也。

向之論墨學者，對墨子其他主張，多有訾議，對非命之說，則恒推崇讚許，雖或以為其非命之理論尚未圓融，然無不認其非命之大旨極有價值。梁啓超謂：「墨子非命，眞千古之雄識哉」(註八一)！太虛法師謂：「非命之說，則為墨家獨長，……墨子不信命而致僅乎義不義之行，則吾之所可也」(註八二)。誠然，若人皆信命，皆相信凡事早已前定，不可改變，則人類將失去自由意志，因而亦無道德標準；將失去自動力，因而亦無創造活動；將整日坐而等待，完全不肯用力。於是人類社會必停頓死寂，毫無生氣；必退化落伍，永不進步。墨子非命，乃將人類社會從死寂中救活，促使其發展進步，其貢獻豈可忽視哉(註八三)！

或以為墨子既倡天志明鬼，又主非命，豈非矛盾？其實不然。墨子倡天志明鬼，正所以殺有命之說；主非命，正所以顯天志明鬼之理。太虛謂：「墨子志在歸權乎帝神耳。蓋恐命數有必然之理，則帝神之權無得而加也」(註八四)。完全不差。且墨子非命實即非人之怠惰，亦即教人強力從事，而強力從事亦即天之要求，故天志中篇云：

「子墨子曰：天之意必欲……又欲上之強聽治，下之強從事也。」

天意本卽非命，墨子非命卽在求實行天之意也。鬼之地位在天之下，當以天之意爲意，故非命亦合於鬼之意。如此，天志、明鬼、非命，三者不獨不相矛盾，且其理一貫，而相輔相明也。

墨子非命之說，不獨與天志明鬼之理一貫，且與其尙同、尙賢、兼愛、貴義、非攻、節約等主張亦有關係，而與其平等、力行、救世、擇務、創造等基本精神之關係尤爲密切也。蓋若命爲有，則平等、力行、救世、擇務、創造等觀念無由建立，尙同、尙賢、兼愛、貴義、非攻、節約等主張亦無由實行。又墨子出身微賤，而欲有所建樹，更不能承認凡事前定，不可改變之有命說也。總而言之，墨子非命之說，與其出身抱負及其全部學說之間，均有脈絡可尋，可見其非命並非出於偶然也。

第四節　結　語

墨子創設國民宗教，以爲道德政治之總指導，其根本用意，乃在爲道德政治建立一超越之根據，藉神秘之力以戒人怠惰、爲惡，勸人勤勉、行善，而助成其救世理想之實現。然墨子之宗教思想並非出於杜撰，蓋墨子之前，早已流行天、鬼、命諸觀命。如尙書中所載夏、商、周敬祀天鬼之事，卽不勝枚舉，至三代暴君及不肖之民信命，墨子亦曾言之，可見墨子之宗教思想確有其歷史淵源。雖然，墨子仍有其貢獻，其貢獻在將已漸衰微而有益之部分加以恢復肯定，將正在流行而有害之部分加以摧毁淸除(註八五)。其所恢復肯定者爲天、鬼，所摧毁淸除者爲命，故立天志、明鬼、非命三題以申其意也。

依墨子之意，天爲最高之主宰，鬼神地位在天之下，當以天志爲志，監臨世人，協助天意之執行。故太虛謂：「墨子之意，蓋以天帝擬人君，鬼神擬將吏者，……有多數鬼神，輔佐上帝統治下界」(註八六)。天與鬼神決定一切，支配一切，故無所謂命，非命即所以增加天與鬼神之權也。由此觀之，大體而論，墨子之宗教思想已粗具體系。然天與鬼神之關係究竟如何？天如何指揮鬼神？諸鬼神之地位有無高低？職務如何分配？此諸細微之處，墨子並未一一交代清楚，故令人有含混淺陋之感，甚或以爲尚且不能成爲宗教，只是以天鬼嚇人而已。而其所以致此者，或因墨子過於關心宗教之實際效果，而疏於理論之闡發也。若以高級宗教爲標準衡之，墨子之宗教更有以下諸點應予討論：

一、疏於他界之安排：墨子於談鬼時謂「有人死而爲鬼者」，可見其承認有靈魂，亦承認除人所生存之現世外，尚有他界之存在，人於現世死亡後，可另活於他界。然他界之情形如何？人於他界之生活如何？則墨子不獨未作妥善安排，且根本未曾提及。而其他高級宗教，均極注重他界之安排，如佛教有西天及地獄，基督教亦有天堂及地獄。佛書對西天如何快樂幸福，地獄如何痛苦可怕，聖經對天堂如何快樂幸福，地獄如何痛苦可怕，均作極詳細生動之描述，並宣稱行善者死後上西天或進天堂，作惡者死後下地獄。於是人皆怕下地獄，而不敢作惡，皆願上西天進天堂而努力行善，雖見有人作惡而得便宜，但以爲死後必下地獄受苦，故不會生羡慕仿效之心；雖自己行善而吃大虧，但以爲死後必上西天進天堂享福，故心中仍得莫大之安慰。且以爲現世之生暫，他界之生久，以暫時之苦，可換永久之樂，則必更覺安慰，更勇於行善。如此，賞罰寄託於將來，而不行於當前，然當前已收其效。墨子未言及他界，未有天堂地獄之設，行善者死後如何，作惡者死後如何，均不得而知；天鬼雖賞賢罰暴，善者必得賞，惡者必得罰，然此賞罰乃行之於現實，而非行之於他界。若現世中偶有行善而不得賞，作惡而不得罰者，則天鬼賞賢罰暴之說必不爲人所堅信，且爲善爲惡，死後亦無公正之裁判，終生行善，死後而無善報，終生勤勉從事，忍受勞苦，死後竟無天國可進，無快樂幸福可享，誰人尙肯行善？誰人尙肯勤勉從事耶？如此，墨子雖着眼於現實，而現實反不能收效，本不着眼於他界，因信他界而有之精神寄託與心靈安慰自更不可得矣。

宗教本起於人心之感覺痛苦而求安樂，感覺無常而求有常，感覺有限而求無限，感覺卑汚而求神聖。而此諸要求，在現世中無法完全獲得，故須有他界之設，求之於他界之中。梁漱溟謂：「宗教的眞根據，是在出世，出世間者，世間之所託。世間有限也，而託於無限；世間相對也，而託於無對；世間生滅也，而託於不生滅。超軀殼或反軀殼，無非出世傾向之異名。這傾向，則爲人類打開一般生物之錮閉性而有。」又謂：「蓋生物進化到人類，實開一異境；一切生物均限於『有對』之中，唯人類則以『有對』超進於『無對』了」（註八七）。人既進於無對之中，則是一種大解脫，大自由，至此，對其原來所求之一切，已不縈懷於心，却均可不求而自得。然而墨子却只着眼於現世，而不着眼於他界，故順其路以行，人們將永不能從現世中超拔而進入絕對之境，因而安樂、有常、無限、神聖等要求，均無法完全得到。如此，縱使現世生活美滿，人們亦必感覺仍有所缺。此卽墨子之宗教不能成爲一完美之高級宗敎而長久流傳之主要原因也。

二、忽略良心自力：墨子談天鬼，其理論止於賞賢罰暴；主非命，其理論止於貧富、衆寡、治亂、壽夭。其目的只在勸人去惡行善，其方法則是威脅利誘；威脅利誘乃外在之力量。過分藉重外在之力量以約束人之思慮行事，自必忽略良心自力之培養與啓發。如此，人雖可去惡從善，然未必發自良心，故缺乏內在之動力。借康德(Immanuel Kant)之語言之，卽非由自由意志發出之行爲，雖可能合於道德之法則，然仍不能稱爲道德行爲(註八八)。故墨子之宗敎雖可使人去惡從善，然道德價值終嫌不足。當然，宗敎大都藉外力以約束人之思慮行事，然其所藉用之外力，實本卽是自力，由於人缺乏自信，故將自力經一彎轉，而客觀化之成爲他力，亦卽外力。此外力卽自力，藉外力實卽藉自力，宗敎之主要作用亦卽在助人發揮其自力耳，觀一般宗敎信徒於祈禱時常曰「余甚懦弱，求神予余力量」可知也。一般宗敎於賞罰報應之外，恒敎人以心靈之修養，是卽重視良心自力之故；而墨子則於賞罰報應之外，未涉心靈修養之事，可見其對良心自力之忽略也(註八九)。

墨子之宗敎思想雖多缺漏，然其能重視宗敎力量，而以之作爲道德與政治之工具，確是卓見。蓋人性非完全可靠，任其自然發展，難保其必趨於善，必藉外力以約束之，支配之，而能收約束支配之作用於無形，且其約束與支配之作用可普遍而深入者，莫若宗敎。然宗敎之作用亦有限度與缺點，其限度卽不能侵入理性之範圍，其缺點卽阻却理性之發展。因宗敎乃情感之事，人對上帝鬼神乃至敎義之敬畏信仰，均係發自情感，既發自情感，則難免迷信獨斷。而理性所在之處，情感必失却力量，迷信獨斷自必消逝。若過分重視宗教信仰，則情感之壁壘堅強，理性之發展必大受阻遏矣(註九〇)。

註　一：參閱本文第一篇第二章第一節。
註　二：梁漱溟著中國文化要義第六章，頁一〇七。
註　三：馬君武譯盧梭民約論(Social contract)第四書第八章，頁一四八——一六二。
註　四：論語雍也篇。
註　五：論語子罕篇。
註　六：論語先進篇。
註　七：同註五。
註　八：論語泰伯篇。
註　九：論語爲政篇。
註　十：論語季氏篇。
註十一：論語陽貨篇。
註十二：此說參閱吳康著錫園哲學文集上冊甲組中國哲學（甲一）孔子哲學思想，頁三十五。
註十三：老子道德經第五章。
註十四：老子道德經第二十五章。
註十五：荀子天論篇。
註十六：參閱梁啓超著子墨子學說第一章第一節，頁六。

註十七：天志上篇。

註十八：天志下篇。

註十九：天志中篇。

註二十：法儀篇。

註二十一：老子第三十八章。

註二十二：參閱天志下篇。

註二十三：參閱天志上篇。

註二十四：同註十九。

註二十五：同註十七。

註二十六：同註十九。

註二十七：同註二十。

註二十八：參閱陳問梅撰墨學綜述㈠墨子爲現實世界建體立極一文，載民主評論十四卷十一期（後收入墨學研究一書中）。

註二十九：陳啓天中國政治哲學概論第五章，頁一三五—一三六，卽謂墨子意在重振漸次發生動搖之神權政治思想，梁啓超先秦政治思想史第二章附錄二，頁二八，亦有類似說法。

註三十：陸世鴻著墨子，四—㈡—七，頁二九—三〇。

註三十一：參閱明鬼下篇前段。

註三十二：墨子所擧證明鬼神爲實有之三證，均詳載於明鬼下篇。

註三十三：梁啓超子墨子學說第一章第二節，頁一二。
註三十四：韓非子顯學篇。
註三十五：王充論衡薄葬篇。
註三十六：參閱陳啓天中國政治哲學概論第五章一二，頁一三六。
註三十七：明鬼下篇。
註三十八：參閱梁啓超墨子學案第四章頁二三末段。
註三十九：同註三十六。
註　四　十：同註二十八。
註四十一：太虛法師墨子平議頁五—六，即太虛大師全書頁四一四—四一五。
註四十二：同註十九。
註四十三：同註三十七。
註四十四：耕柱篇。
註四十五：同註三十七。
註四十六：參閱墨子明鬼下篇，孫詒讓閒詁，世界版上冊頁一五四。
註四十七：同上。
註四十八：梁漱溟著中國文化要義第六章頁一〇五。
註四十九：論語述而篇。
註　五　十：論語雍也篇。

註五十一：同註四十八。

註五十二：論語八佾篇。

註五十三：公孟篇。

註五十四：方授楚墨學源流上卷第五章—五，頁一〇六，引魯問篇墨子告曹公子及公孟篇墨子答跌鼻之語，以證墨子本人對鬼神並無堅定之信仰。陳顧遠墨子政治哲學第九章頁八十八，則認爲墨子根本不信鬼神。

註五十五：參閱方授楚墨學源流上卷第五章—五首段及末段，即頁九七及頁一〇六。

註五十六：王充論衡薄葬篇。

註五十七：夏曾佑中國歷史第一冊，頁一三〇。

註五十八：見梁啓超墨子學案第八章，頁七二，然此數語乃梁氏代替墨家所設之辯辭。梁氏本人亦認爲墨子既主節葬，又倡明鬼，是自相矛盾也。

註五十九：參閱梁啓超墨子學案第四章，頁二四。

註 六 十：均見非命上篇。

註六十一：同上。

註六十二：非命下篇。

註六十三：同上。

註六十四：非命上篇前半段。

註六十五：非命中篇前半段。

註六十六：非命下篇後半段。

註六十七：第一第二均見非命下篇中段。

註六十八：一般心理學書中談動機之部份，大致均討論不良適應(Maladjustment)問題，雖其所分項目及名稱不盡一致，而大旨則完全相同。

註六十九：公孟篇。

註七　十：非儒下篇。

註七十一：論語堯曰篇。

註七十二：同註九。

註七十三：論語季氏篇。

註七十四：同註四。

註七十五：論語憲問篇。

註七十六：論語憲問篇載：「子路宿於石門，晨門曰：奚自？曰：自孔氏。曰：是知其不可而爲之者與？」即謂孔子是知其不可而爲之者也。

註七十七：孟子梁惠王下篇載孟子答滕文公問，曰：「……強爲善而已矣。」

註七十八：荀子天論篇。

註七十九：蕭公權中國政治思想史㈠第一編第四章第四節末：頁一三九。

註　八　十：參閱蕭公權中國政治思想史㈠第一編第四章註六二，第一册頁一五八。

註八十一：梁啓超子墨子學說第一章第三節，頁一七。

註八十二：太虛法師墨子平議頁二六—二八，即太虛大師全書頁四三五—四三七。

註八十三：參閱梁啓超墨子學案第四章，頁二五。

註八十四：太虛法師與陳誦洛論墨子一文，載太虛大師全書第十二編㈠，頁四五四—四五五。

註八十五：陳啓天中國政治哲學概論第五章，頁一三六，亦有類此說法。

註八十六：太虛法師墨子平議頁五—六，即全書頁四一四—四一五。

註八十七：梁漱溟中國文化要義第六章，頁九九。

註八十八：此處所用非康德 (Immanuel Kant) 之現成語，而係由其談實踐理性各章中所抽繹之大意。余所根據者爲 Thomas Kingsmill Abbott 所譯，由英國倫敦 Lowe And Brydone (Printers) Limited 出版之 Kant's Critrque of Practical Reason 英文本。

註八十九：參閱梁啓超墨子學案第四章，頁二二，謂「墨子不講良心上之道德責任，專靠禍福來勸懲」，已見出此義。

註 九 十：梁漱溟中國文化要義第六章，頁一〇六謂：「孔子沒有排斥或批評宗教（這是當時不免爲愚笨之舉底），但他實是宗教最有力底敵人，因他專從啓發人類的理性作功夫。」由其語意中亦可見出宗教會阻却理性之發展。

第三篇　結　論

墨子之政治思想業經論述於上，其中若干主張，由某一方面觀之，是其優點，由另一方面觀之，又是其缺點，爲優爲劣，不宜遽作肯定之論斷；其全部政治思想，理應對後世發生若干影響，但其影響究竟如何，並無明確之痕跡可尋，不宜妄事牽強附會。此處僅就論理、心理與歷史三種觀點，作一總括之檢討。

I　就論理觀點檢討

依論理觀點，吾人對墨子之政治思想可得而言者，有左列四層：

其一、大體而論，墨子之政治思想已具有相當完整之體系，有其哲學立場與基本精神，亦有其政治理想與實現理想之方略，且能相互照顧，而彼此呼應也。

其二、墨子政治思想中雖有似矛盾之處，然仍可爲之解釋疏通，使之前後一貫。例如既明鬼又節葬，明鬼是肯定鬼神爲實有，節葬則是薄待鬼神；明鬼與節葬似相矛盾。然吾人可爲之解釋曰：有鬼神，則身死猶有其不死者存，人死並非一往不返之大事，喪葬自可因之而殺；且諸鬼神生時當是主張節葬者，死後以節葬之法待之，亦必不怒。再如既言鬼神有德，又言人死而爲鬼神者，對其不辜而死之怨，有報復行爲；有德與報復似相矛盾。然吾人可爲之解釋曰：殺不辜者爲暴，不辜而死之鬼神致殺彼者於死，乃爲公除暴之善行，自是有德之表現。又如既重羣體精神，倡尙同主義，又言「各因其力之所能至而從事焉」，「能談辯者談辯，能說書者說書，能從事者從事」，雖是重在分業分工，亦寓有注重個性之意；重羣體倡尙同與注重個性似相矛盾。然吾人可爲之解釋曰：在尙同原則之下發揮個性，個性之發揮在求成全羣體，最後仍趨於尙同，目的仍在於羣體。類似之處，既可爲之解釋疏通，使之前後一貫，故雖似矛盾，而實非矛盾也。

其三、墨子政治思想中雖有眞矛盾處，然偶有矛盾，乃任何思想家所不免。墨子生逢亂世，面臨若干問題，只滿懷救世熱忱，奔走呼號，談辯論說，未嘗注意思想體系之建立，矛盾之處，自亦難免。如主張兼愛，既言「獲，人也；愛獲，愛人也。」又言「盜人，人也；愛盜，非愛人也；……殺盜人，非殺人也」。兩者前提相同，推理相同，何以結論竟完全相反耶？再如既以天爲全德至善，可爲最高之道德標準，又謂「時年歲善，時年歲凶」。天未必盡善，爲何以其爲全德至善而可爲最高之道德標準？又如既認魯陽文君因鄭人二世弒其君而欲誅伐，是干涉他國內政，而堅決反對，又對禹征有苗、湯伐夏桀、武王伐紂等稱之爲誅，而大加讚揚。同等理由，同類行爲，何爲一則反對，一則讚揚哉？類似之處，無法爲之解釋疏通，乃眞正矛盾之所在也。雖然，此乃微瑕小疵而已，仍不足破壞其思想體系，而混淆其根本主張也。

其四、在墨子整個思想體系中，尙有未曾交代淸楚之處，如僅言及第一任天子之選立，而未言及天子傳位之法，且對第一任天子之選立，亦僅謂選天下之賢可者而立之，而未明示由何人選何人立，即其一例也。然對此，吾人仍可就其全部思想中窺其原意，並非不可補救之疏漏，即便眞爲疏漏，亦爲思想家常有之事，而不當苛責也，況墨子論及此等問題，或有其苦衷而不便明言哉？

Ⅱ　就心理觀點檢討

依心理觀點言，墨子若干主張，似難令人接受，蓋因其立論之時，救世心切，只急於矯當世之弊，未能多方顧慮一般人之心理，致多不合人之常情之處也。舉其要者：

一如倡過分節約勞苦，欲王公大人及一切平民，皆效法其本人，居住則「堂高三尺，土階三等，茅茨不翦，采椽不刮」；飲食則「食土簋，啜土型，糲粱之食，藜藿之羹」；衣服則「夏日葛衣，冬日鹿裘」；送死則「桐棺三寸，舉音不盡其哀」（註一）；從事則「腓無胈，脛無毛，沐甚雨，櫛疾風，……日夜不休」（註二）。處於艱苦之環境，貧困之時代，此種主張雖屬必要，然舒適享受，乃人之所欲，去欲自苦，終不合人之常情，不獨王公大人不願贊同，即一般平民亦難遵從。莊子謂其「使人憂，吏人悲，……反天下之心，天下不堪」（註三），司馬談謂其「儉而難遵」（註四），是誠然也。

至於非樂一項，更難爲人所接受，乃因樂之愛好，發自人之天性，人之喜怒哀樂，常須藉樂以發洩之，調暢之，若不論正樂邪樂一併非之，則是堵塞人情之出口，反乎人之天性，與人之情好大相違背也。單就爲政求治而言，樂亦有莫大之功效，蓋樂「足以感動人之善心，使夫邪汙之氣無由得接焉」（註五）。儒家重之，實較墨子爲能深明人之心理也。

二如主張兼愛，欲人去親疏之分，遠近之別，愛人若愛己，愛人親若愛己親，愛人家若愛己家，愛人國若愛己國；無有先後，不論緩急。亦與人之常情不合，不若儒家「推己及人」爲順乎常人之心理也。蓋愛己急於愛人，先愛己後愛人，由愛己推而愛人，乃人情之自然，若硬要人不分先後緩急，人己同愛，則是違背自然，卽勉強行之，亦必非出於眞情，因而難以持久。熊十力謂：「若將父兄與民物，看作一例，而談兼愛，則恐愛根已薄，非從人情自然之節文上涵養擴充去。……而兼愛只是知解上認爲當如此，却未涵養得眞情出，如何濟得事」（註六）？確乎不差也。

三如提倡宗敎，雖有意於人之心理上下功夫，以謀控制維繫之道，然其對人之心理，仍未觀察透闢，把握妥切。蓋單設天、鬼監督世人，藉賞罰以勉人行善，戒人爲惡，而現世之賞罰旣難以卽刻兌現，又無他界之適當安排，終生勞苦行善之人，現世未必得賞，死後又無安樂去處，雖苦而不得安慰，雖善而不得鼓勵，與終生淫樂爲惡者無有分別。此種宗敎自難爲人所全部接受而堅定信仰也。

四如重羣體、倡尙同，致社會掩沒個性。人們聞見此種主張，必一方面以爲將受過分約束，缺乏自由，一方面又以爲將使個人之重要性大減，而無由表現一己之尊嚴，因而自亦不樂於接受。

以上僅舉其要者言之，其他類似之處尙多，要皆由於墨子個性激進，救世心切，未能如儒家之中庸穩健，多方顧慮人之性情所致。然吾人並非以此必爲墨子之缺點，僅謂其未能盡合人之常情，難以爲人接受而已也。

Ⅲ　就歷史觀點檢討

一政治思想家，其思想之形成，與其出身、個性、所受教育與所處時代，均有密切之關係，而其演變流傳之情形，則幾乎全爲時代所決定。墨子出身微賤，個性激進，受學儒家，而生反動（註七），又生當戰國初年，見列國紛爭，互相攻戰，王公大人引用親貴私人，生活奢侈浪費，無所顧及，以致政治混亂，民生疾苦，不勤勉從事，以求改進，反歸之於命。於是乃唱兼愛、非攻，主尙賢、尙同，鼓吹節約，宣傳宗教。其所作主張，雖未能盡合人之常情，但皆能把握問題，切中時弊，故能盛極一時，而與儒家並成顯學。然戰國結束，經秦至漢，墨子之政治思想日漸衰微，察其原因，乃在於時代情形與前大不相同，舉其要者，有左列數端：

一爲政治一統：秦併六國，統一天下，雖旋卽滅亡，然漢代繼興，天下定於一。且七國亂後，王國勢力摧毀，中央集權完成，封建完全廢除，貴族世襲制度消滅。其時旣無列國並存之局面，亦無相互攻戰之情事，雖或對外用兵，然皆係征伐邊塞異族，與列國相爭之勢完全不同。至於朝廷用人，亦有選舉之法，徵求賢良。處此情形之下，尙同非攻之說，根本失其意義，若仍大唱尙同，力言非攻，何異無的放矢？設墨子生當此時，亦必以爲尙同、非攻之主張已經實現，而緘口無言矣。至於朝廷尙賢，雖不澈底，然較諸貴族世襲，已大有改善。錢穆謂墨子學說「功成身退」（註八），卽指此也。

二爲黃老思想流行：西漢初年，黃老思想大盛，君臣多能瞭解黃老主義，並以之應用於政治之上。黃老主義本重淸靜無爲，以爲「爲無爲，則無不治」（註九），「道常無爲，而無不爲，侯王若能守之，萬物將自化」（註一〇），「我無爲而民自化，我好靜而民自正，我無事而民自富，我無欲而民自樸」（註一一），與墨子積極進取、創造興利之精神不合。人們既好黃老，自然不喜墨子。同時君臣在黃老主義之下，減輕賦稅，與民休養生息（註一二）；墨子所見王公大人「暴奪民衣食之財」，奢侈浪費之情形，雖不敢說全不存在，然必大爲減輕，因而節約之說，亦不若墨子當時之重要矣。

三爲經濟狀況轉變：經漢初數十年之休養生息，國民經濟漸次復興（註一三），與戰國時代連年戰禍下之情形自不相同，人們衣食飽暖之後，自當進而求舒適享受，而不以過起碼之生活爲滿足，即於喪葬、娛樂方面略事講究，亦屬應當。於是節約之說，亦因之而失其重要性，若仍有人「昭昭然爲天下憂不足」，則眞是「私憂過計也」（註一四），何若「身退」也哉？

四爲法家儒家先後得勢：秦能統一天下，得力於法家之說，自然重法家而輕儒墨。而墨子兼愛非攻之說，與法家主張最不相容，早已受法家之攻擊排斥（註一五）。待始皇依李斯之議禁私學、焚詩書（註一六），墨學又與諸家學說同遭摧殘。至西漢武帝，又用董仲舒之議，罷黜百家，獨尊儒術。而儒墨之間，本來一則相非甚烈，二則頗多類同之處。至此情形下，墨子思想中曾受儒家猛烈攻擊者，如「兼愛」之說，自爲學者所卑視，所忌言，因而不得流行。此外儒家重理性，不信鬼神，而嘗言命，墨子天志、明鬼、非命諸義，亦當遭受壓抑。胡適以儒家之反對爲墨學衰微之原因之一（註一七），方授楚以爲不然，乃因漢黜百家，獨尊孔氏之時，墨學已久衰微矣（註一八）。平心而論，於儒墨並行之時，墨學正盛，儒家之反對，或無關緊要；於儒術獨尊之時，墨學已衰，儒家之反對，亦不能成爲其衰微之原因之一，然儒術獨尊，自會對墨學產生相當之壓抑作用，而使其不得復活。至於墨子思想中與儒家類同者，如尙賢、非攻之說，又可爲儒家思想所替代，所掩蓋，亦因而失其復活之機會。錢穆以爲墨學中可保留者，均由他家代爲保留(註一九)，此當卽是其中之一、二也。

以上諸種情形，雖有者因時代而異，然其中天下一統與獨尊儒術兩項，除間有例外，持續幾兩千年而未嘗大變，宜乎墨子未有抬頭之機會也(註二〇)。

至明末，西學東漸，思想界漸起變化。逮乎有淸乾、嘉、道光之間，墨學漸次復興，嗣經鴉片戰爭，歷太平天國，以至於民國二十餘年，中國發生前所未有之巨變，墨學亦較往昔任何時期爲發達。考其原因，當是墨子富救世精神，其實利主義，非命之說，以及邏輯、科學等，合於圖強之要求，又足與西學相較之故也。

吾人立於當今之世，以觀墨子之政治思想，以爲平等、尙賢諸義，與民主精神一致，實利、非命之說，與科學精神相符，均宜提倡。而其中最宜倡導鼓吹者，則是兼愛、非攻主義，蓋當今列國紛爭，幾與戰國無異；復加種族間之歧視、仇恨，其情形較諸戰國尤爲惡劣；且今日核子武器發達，戰爭之毀滅性較諸昔日遠爲嚴重，欲避免人類同趨滅亡，能不倡導兼愛、鼓吹非攻也哉？

註　一：均見史記卷一三〇，太史公自序司馬談論六家要指，頁二七九。

註　二：莊子天下篇。

註　三：同上。
註　四：同註一。
註　五：荀子樂論篇。
註　六：熊十力著十力語要，卷一，頁七二。
註　七：淮南子要略訓謂：「墨子學儒者之業，受孔子之術，以為其禮煩擾而不悅，厚葬靡財而貧民，久服傷生而害事；故背周道而用夏政。」
註　八：錢穆墨子第三章—六，頁七六。
註　九：老子第三章。
註　十：老子第三十七章。
註十一：老子第五十七章。
註十二：薩孟武中國社會政治史第一冊，第二章，頁一一九—一二一。
註十三：同前頁一二一—一二二。
註十四：均為荀子富國篇語。
註十五：韓非子五蠹篇云：「今儒墨皆稱先王兼愛天下，……」又云：「故不相容之事不兩立也，斬敵者受賞，而高慈惠之行；拔城者受爵祿，而信廉愛之說；……」可見法家反對墨子之兼愛、非攻（儒家自亦在反對之列），及其得勢，自更予墨學以打擊排斥。
註十六：見史記卷六秦始皇本紀，頁二五。
註十七：胡適中國古代哲學史，第二冊，第八篇，第六章，頁一〇五。

註十八：方授楚墨學源流上卷，第九章，頁二〇三。

註十九：錢穆墨子第三章—六，頁七八。

註二十：方授楚墨學源流上卷，第十章，頁二一一謂自漢以後，以迄清初，千七百年間，略治墨氏之學而可考者，僅晉之魯勝與唐之樂臺二人而已。

參考資料

I　中文書籍

于省吾著：墨子新證，臺灣藝文印書舘。

方授楚著：墨學源流，上海中華書局。

王　弼撰：老子注，臺灣世界書局。

王先愼撰：韓非子集解，臺灣世界書局。

王念孫撰：讀書雜誌，上海商務印書舘。

王昌祉著：諸子的我見，臺中光啓出版社。

王蘧常著：諸子學派要詮，上海中華書局。

王懋祖著：敎育學，臺灣正中書局。

王闓運注：墨子，江西官書局。

尹桐陽著：墨子新釋，湖北工業傳習所。

尹桐陽著：諸子論略，北京民國大學印刷部。

司馬遷著：史記，臺灣啓明書店。

左邱明撰：春秋左傳，臺灣新興書局。

朱熹集註：四書集註，臺灣世界書局。
江　瑔著：讀子巵言，上海商務印書館。
呂祖謙著：東萊集，金華叢書。
杜國庠著：先秦諸子思想概要，香港中流出版社。
宋　濂撰：諸子辨（僞書考五種內），臺灣世界書局。
李　軌注：楊子法言，臺灣世界書局。
李　善注：昭明文選，明仿宋胡刻本。
周富美撰：墨子假借字集證，臺大文史學會。
吳　康著：錫園哲學文集上冊，臺灣商務印書館。
林　寶著：元和姓纂，古歙洪氏校藏，嘉慶七年刻版。
金巨山著：諸子管見，臺灣世界書局。
俞　樾撰：諸子平議，臺灣世界書局。
柳詒徵著：中國文化史，臺灣正中書局。
胡　適著：墨子小取篇新詁（胡適文存第一集—二內），遠東圖書公司。
胡　適著：中國古代哲學史，臺灣商務印書館。
胡秋原著：中國文化與中國古代知識份子，亞洲出版社。
馬君武譯：盧梭民約論，臺灣中華書局。
馬國翰輯：墨家佚書輯本五種，臺灣世界書局。

哈佛燕京學社：墨子引得，哈佛燕京學社引得特刊第二十一號。
孫德謙著：諸子通考，江蘇存古學堂。
孫詒讓撰：墨子閒詁，臺灣世界書局。
孫亢曾著：教育概論，臺灣正中書局。
陸世鴻著：墨子，上海中華書局。
郭慶藩輯：莊子集釋，臺灣世界書局。
梁漱溟著：中華文化要義，香港廣文書局。
梁漱溟著：東西文化及其哲學，香港自由學社。
梁啓超著：先秦政治思想史，臺灣中華書局。
梁啓超著：子墨子學說，臺灣中華書局。
梁啓超著：墨子學案，臺灣中華書局。
梁啓超著：墨經校釋，臺灣中華書局。
梁啓超著：諸子考釋，臺灣中華書局。
梁啓超著：孔老墨以後學派概觀，臺灣中華書局。
梁啓超著：中國學術思想變遷之大勢，臺灣中華書局。
梁啓超著：中國武士道，臺灣中華書局。
陳顧遠著：墨子政治哲學，臺灣啓明書店。
陳元德著：中國古代哲學史，上海中華書局。

陳啓天著：中國政治哲學概論，華國出版社。
陳鐘凡著：諸子通誼，上海商務印書館。
陳　柱著：墨學十論，上海商務印書館。
陳　柱著：墨子刊誤刊誤（附蘇時學墨子刊誤後），上海中華書局。
陳　柱著：諸子概論，上海商務印書館。
班　固著：漢書，臺灣開明書店。
高葆光著：墨學概論，中華文化事業出版委員會。
高晉生撰：墨經校詮，臺灣世界書局。
高　誘注：淮南子注，臺灣世界書局。
范耕研撰：墨辯疏證，上海商務印書館。
陶希聖著：中國政治思想史，臺北全民書局。
海斯、穆恩、威爾合著：世界通史，東亞書社。
張　湛撰：列子注，臺灣世界書局。
張純一撰：墨子集解（修正本），上海世界書局。
張純一撰：墨子閒詁箋，臺灣世界書局。
張其鍠著：墨經通解（附大取篇校注），北平京津印書局。
張惠言著：張皋文手寫墨子經說解，國學保存會。
張壽鏞著：諸子大綱，民國四十七年影印。

章太炎撰：原墨（章氏叢書初集檢論卷三內），章氏叢書社。
章太炎撰：孝經本夏法說（章氏叢書初集文錄卷一內），章氏叢書社。
馮友蘭著：中國思想史（原名中國哲學史），臺大哲學研究所翻印。
畢　沅注：墨子，浙江書局。
許維遹撰：呂氏春秋集解，臺灣世界書局。
崔　述著：洙泗考信錄（崔東壁遺書第七冊內），上海亞東圖書舘。
康有爲著：孔子改制考，萬木草堂叢書。
楊　寬著：墨經哲學，臺灣正中書局。
楊　倞撰：荀子集解，臺灣世界書局。
葛　洪著：神仙傳（魏晉小說大觀第一冊內），臺灣新興書局。
鄧高鏡撰：墨經新釋，線裝鉛印本。
熊十力著：十力語要，臺北廣文書局。
鄭　玄注：禮記，臺灣新興書局。
蔣伯潛著：諸子學纂要，臺灣正中書局。
蔣伯潛著：諸子通考，臺灣正中書局。
蔣伯潛著：諸子與理學，臺灣世界書局。
劉　昫著：唐書，臺灣開明書店。
劉　盼撰：論衡集解，臺灣世界書局。

劉師培撰：墨子拾補，寧武南氏校印本。
劉載賡撰：續墨子閒詁，藝文印書舘。
魯大東撰：墨辯新註，上海中華書局。
錢　穆著：墨子，上海商務印書舘。
錢　穆著：先秦諸子繫年，香港大學出版社。
錢熙祚校：愼子，臺灣世界書局。
謝扶雅著：中國政治思想史綱，臺灣正中書局。
衞聚賢編：古史研究第二集，上海商務印書舘。
蕭德言撰：諸子治要，上海世界書局。
魏　徵著：隋書，臺灣開明書店。
韓　愈撰：讀墨子（韓昌黎文集第一册內），臺灣世界書局。
薩孟武著：中國社會政治史第一册，清水商行印。
蕭公權著：中國政治思想史第一册，中華文化出版事業委員會。
釋太虛撰：墨子學辯序（太虛大師全書內），太虛大師全書出版委員會。
釋太虛撰：墨子平議（太虛大師全書內），太虛大師全書出版委員會。
釋太虛撰：與陳誦洛論墨子（太虛大師全書內），太虛大師全書出版委員會。
羅　焌著：諸子學述，上海商務印書舘。
嚴　復譯：孟德斯鳩法意，上海商務印書舘。

嚴萬里撰：商君書新校正，臺灣世界書局。
蘇時學撰：墨子刊誤，上海中華書局。
蘇薌雨著：心理學新論，大中國圖書公司。
欒調甫著：墨子研究論文集，人民出版社。
欒調甫著：墨辯討論，上海中華書局。

II 英文書籍

T.K. Abbott, Kant's Critique of Practical Reason. Lowe and Brydone (Printers) Limited, London, 1954.
John William Adamson, The Educational Writtings of John Lock. Cambrige University Press, 1922.
John Dewey, How we think. Boston: D.C. Heath & Co., 1933.
John Locke, Two Treatises of Government, Hafner Publishing Company. New York. 1959.
John Stuart Mill, Utilitarianism, the Bobbs–Merrill Company, Inc. New York, 1957.
Jeremy Bentham, An Introduction to the Principles of Morals and Legislation, University of Oxford, 1823.
Jowett, M.A., Plato's The Republic, 臺灣翻印本
A.R.M. Murray, An Introduction to Political Philosophy, 臺北經文書局翻印 1962.
Bertrand Russell, Authority and the Individual. 臺北虹橋書店翻印。

Arthur Waley, Three Walls of Thought in Ancient China. 臺北經文書局翻印 1962.
Augustinus A. Tsen, The Moral Philosophy of Mo-Tze, China Printing Ltd., Taipei, Taiwan, China, 1965.

Ⅲ 期 刊

東方雜誌：第二十五卷第八號。
民 主 潮：第七卷第二十四期。
革命思潮：第十六卷第四、五期。
大陸雜誌：第十一卷第八期，第十三卷第十二期，第十五卷第九期，第十六卷第二、八期。
民主評論：第九卷第二十一、二十二期，第十卷第十四期，第十四卷第十一至十七期，第十五卷第六至九期。

1912

中華社會科學叢書

墨子政治思想之研究

作　　者／孫廣德　著
主　　編／劉郁君
美術編輯／鍾　玟

出 版 者／中華書局
發 行 人／張敏君
副總經理／陳又齊
行銷經理／王新君
地　　址／11494 臺北市內湖區舊宗路二段181巷8號5樓
客服專線／02-8797-8396　　傳　　真／02-8797-8909
網　　址／www.chunghwabook.com.tw
匯款帳號／兆豐國際商業銀行　東內湖分行
067-09-036932　中華書局股份有限公司

法律顧問／安侯法律事務所
製版印刷／維中科技有限公司　海瑞印刷品有限公司
出版日期／2017年7月再版
版本備註／據1971年5月初版復刻重製
定　　價／NTD 350

國家圖書館出版品預行編目（CIP）資料

墨子政治思想之研究 / 孫廣德著.— 再版. —
臺北市 : 中華書局, 2017.07
面 ; 公分. — (中華社會科學叢書)
ISBN 978-986-94907-3-3(平裝)

1.(周)墨翟 2.政治思想

508　　106008337

版權所有 • 侵權必究
ALL RIGHTS RESERVED
NO.F6006
ISBN 978-986-94907-3-3（平裝）
本書如有缺頁、破損、裝訂錯誤請寄回本公司更換。